立出雲國者狹布之推國在哉初國小所作故將作縫詔而栲衾志羅紀乃三埼矣國之餘々有耶見者國之餘有詔而童女胷鉏所取而大魚之支太衝別而波多須々支穗振別而三身之綱打挂与霜黒葛闇々耶々介河船之毛々曽々呂々介國々來々引來縫國者自去豆乃折絶而八穗米支豆支乃御埼以此而堅立加志者石見國与出雲國之堺有名佐比賣山是也亦持引

監修者――五味文彦／佐藤信／高埜利彦／宮地正人／吉田伸之

［カバー表写真］
出雲国府跡

［カバー裏写真］
加茂岩倉遺跡出土35号銅鐸

［扉写真］
出雲国風土記
(写本)

日本史リブレット 13

出雲国風土記と古代遺跡

Katsube shō
勝部 昭

目次

唯一完本として伝わる『出雲国風土記』

風土記《ふどき》▲は奈良時代の地誌である。今日、現存する風土記（写本）はわずかに出雲国・常陸国・播磨国・肥前国・豊後国の五風土記である。

七一三（和銅六）年五月、元明《げんめい》天皇は、①郡や郷の地名に良い字をつけるとともに、②郡内の産物・草木や生息する魚鳥獣、③土地の肥沃《ひよく》具合、④山川原野や地名の由来、⑤古老の言い伝え、の五項目について報告するように命じている。全国六十数カ国からそれぞれ提出されたはずであるが、五風土記以外は逸《いっ》文《ぶん》としてごく断片的にしか残っていない。

五風土記のうち早くできたのは播磨国と常陸国で、その後七三九（天平十一）年までには豊後国や肥前国の風土記ができた。『出雲国風土記』は七三三年に勘《かん》

▼**風土記**　奈良時代には、中央政府に報告する解《げ》という文書であった。平安時代になってから、風土記と呼ばれるようになった。

造《ぞう》されている。命令があってから実に二〇年後にできたことになる。

『出雲国風土記』の原本は伝わっていないが、風土記の中で、初めから終わりまでほぼ完全な形で全体が残っている唯一のものである。最古の写本は公益財団法人永青《えいせい》文庫所蔵の一五九七（慶長二）年十月十三日と奥書された、細川幽斎《ゆうさい》（藤孝）が書写させたことが明記された写本である。この細川家本や一六三四（寛永十一）年に尾張藩主徳川義直《よしなお》が寄進した島根県・日御碕《ひのみさき》神社本、京都・賀《か》茂別雷《もわけいかづち》神社に伝わる万葉緯本《まんよういぼん》などは誤写の少ない写本として知られる。

皇學館大學名誉教授田中卓によれば、それ以前に『出雲国風土記』（以下、『風土記』という）が引用されたことがわかる最古の例は、一二七三（文永十）年成立の卜部兼文《うらべかねふみ》「古事記裏書」に「ある書にいう、出雲国意宇郡熊野山」であり、その子、卜部兼方が著わした『釈《しゃく》日本紀▲』にも「出雲国風土記に曰く」と、出雲郡宇賀《うか》郷、意宇《おう》郡楯縫《たてぬい》郷、楯縫郡などが引用されている、という。鎌倉時代に『風土記』が読まれていたことは確かである。

島根県古代文化センターの調査によると、全国に『風土記』の写本は東北から九州まで一四〇冊余存在している。写本には『風土記』本文の写本の他、松江藩

▼**釈日本紀**　鎌倉末期に成立した『日本書紀』の注釈書。

士岸崎佐久次《さくじ》▲の著わした『出雲風土記鈔《しょう》』の写本、国学者内山真龍《またつ》著『出雲風土記解《かい》』の写本などがある。

『風土記』の研究は江戸時代の岸崎佐久次、内山真龍らによる注釈研究、千家《せんげ》俊信《としざね》▲による校訂本の作成、近代以後さらに地元研究者の野津左馬之助、後藤蔵四郎、朝山皓《あきら》▲らの研究が加わる。『風土記』の各写本の比較検討やその考証が主であった。

一九五〇(昭和二十五)年、藪田嘉一郎《やぶたかいちろう》は「出雲国風土記剝偽《はくぎ》」を発表した。奥書の日付け、天平五年二月三十日について、二月は小月で三十日は存在しないこと、もと解文《げぶみ》であったはずだから出雲国守から朝廷に上進すべきものを、勘造者が出雲国造▲兼意宇郡大領《だいりょう》の出雲臣廣嶋《ひろしま》で編集者が秋鹿《あいか》郡人の神宅臣金太理《みやけのおみかなたり》(全太理の考えもある)となっており、国造の上進としているのは誤りなどの点から、平安時代の九二五(延長三)年以後の偽撰《ぎせん》説を提起された。これに対して、石井和男の批判や平泉澄《きよし》監修『出雲国風土記の研究』によって偽撰説は否定された。藪田嘉一郎の偽撰説は、結果として『風土記』研究が盛んになる契機になった点で大きな貢献をした。

▼**岸崎佐久次**　一六三七～九〇年。松江藩の地方役。松江藩二大農政書の『免法記』『田法記』を著わした。『出雲国風土記鈔』は一六八三(天和三)年の著書で『風土記』最初の注釈書。

▼**千家俊信**　一七六四～一八三一年。国学者・歌人。出雲国に生まれる。本居宣長の高弟で梅廼舎塾を開いた。

▼**朝山皓**　一八九五～一九五七年。島根県鹿島町(現松江市)生まれ。東大史料編纂所嘱託をへて佐太神社宮司をつとめた。

▼**出雲国造**　天穂日命を祖先とする系譜伝承をもつ出雲の豪族。出雲の意宇郡を本拠とし出雲臣と称した。南北朝以後は北島、千家の両国造家に分かれた。

その後の研究においても、出雲国造が私撰したものとか、国守が朝廷に報告する前の出雲国造が提出した控えではないかと疑問視する見方がある。さらに、平安時代の九二五年の再撰説も今なおある。天平五年作成の「出雲国計会《けいかい》帳▲」では、出雲国守が不在であったため廣嶋が署名し提出したものであろうか。

出雲在住の加藤義成▲は諸本により校訂作業を積み重ね『校本出雲国風土記』を著わすとともに、現地に足を運ぶなど風土記研究に情熱を注ぎ、『出雲国風土記参究』『校注出雲国風土記』『風土記時代の出雲』『風土記に見る古代出雲びと』などを著わした。本書は主として加藤義成の読み下し文にもとづき記述した。

現在、『風土記』の調査研究に力を注いでいるのは島根県古代文化センターである。フィールドを活かしながら学際的研究を継続して実施し、秋鹿《あいか》郡恵曇《えとも》郷や島根郡朝酌《あさくみ》郷、神門水海《かんどのみずうみ》北辺の調査研究成果などを発表している。また、全国に散在する写本の写真撮影を計画的、継続的に実施しており、将来の目標として各写本の詳細な比較検討による校訂本刊行を目指している。校訂の必要な理由は、たとえば、朝酌郷に、朝酌促戸《せと》渡とある写本と朝酌促戸とある写本が存在する。この郷には朝酌渡もあり、渡しが一つか、二つかによって風土記時

▼**出雲国計会帳**　出雲国が七三三(天平五)年八月一日から翌年七月末までの一年間に、中央政府や他国との間で発信収受、中継した公文書の全部を記載し、中央政府に提出した帳簿で、その断片が残る。今日伝存するのは出雲国と伊勢国のみである。

▼**加藤義成**　一九〇四～八三年。島根県雲南市加茂町生まれ。大社国学館講師・島根県文化財保護審議会委員などをつとめた。論文は『出雲国風土記論究』上・下(島根県古代文化センター刊)等に収録。

代の歴史解釈が異なる。地道な作業は風土記時代を明らかにする基礎である。

『風土記』は、漢文で書かれ、はじめに全体の総記、次に各郡ごとに郡の総記・郷名・寺社・山野川等・郡境路程・郡の編者という順に書き、終わりに出雲国内の駅路など主要な通路《かよいじ》・軍事施設・奥付けを書くという構成となっている。

『風土記』の特色は、京都大学名誉教授上田正昭などがすでに指摘しているように

(1)他の風土記の撰進者は国司や大宰府官人であったが、出雲の場合は勘造者が出雲国造兼意宇郡大領の出雲臣廣嶋と秋鹿郡人の神宅臣金太理である

(2)『古事記』『日本書紀』に書かれたスサノオノミコトや大国主命などの出雲系神話とは異なる出雲独特の国引き神話や、ワニに喰われた語臣猪麻呂《かたりのおみいまろ》の娘の比売埼《ひめさき》伝承、ワニが阿伊《あい》村の玉日女《たまひめ》を恋う恋山《したいやま》伝承などの出雲神話をのせる

(3)所造天下大神という神観念が表わされている

(4)いわゆる天皇行幸の話がまったく収録されていない

(5)郡家を起点に郷・寺院・駅家などの施設までの距離や山・川などにいたる距

離や高さ、周囲の大きさなどを詳細に表わしている
⑹他の風土記にない軍団・烽《とぶひ》・戍《まもり》▲・船の停泊数を記す。これは七一三年の官命にはないが、その後の新羅《しらぎ》との緊張関係を背景としていると思われるなどである。

『風土記』以外の他の風土記にも出雲に関係する記述がある。例えば、『播磨国風土記』には賀古郡比礼《ひれ》墓条、飾磨《しかま》郡飾磨御宅《みやけ》▲条、揖保《いいぼ》郡立野《たちの》▲条などに出雲に関係する記事がのっている。あわせて検討することで出雲の歴史や風土記時代のわが国のようすが解明できる。

出雲の発掘調査はこの十数年ばかり、高速道路の建設や斐伊《ひい》川治水事業などにともなってすこぶる多く、調査される遺跡の規模も大きくなっている。そのために発掘調査された原始・古代の数々の遺跡からは、新しい資料が次々と提供されている。

大量の青銅器が発見された荒神谷《こうじんだに》遺跡・加茂岩倉《かもいわくら》遺跡や、巨大柱のみつかった出雲大社境内遺跡などといった大発見の場合、『風土記』編纂の時代とは異なるが、まず『風土記』の記述に注意を払うのが常である。風土記の書かれた頃の

▼**戍**　国の主要地や国境に置かれ、柵を建て兵士をおいて守備をした所。

▼**飾磨御宅**　出雲国造・意伎国造らが召されたとき、迎えの使人を利用したために天皇の怒りをかい、追放された話がのる。

▼**立野**　土師弩美宿禰《はじのみのすくね》が病気で亡くなったので、出雲国の人がやってきて墓の山をつくったことが、地名の由来となった。

遺跡ならば、『風土記』の記述との照合によってその遺跡の性格を明らかにする大きな手がかりとなり、『風土記』記述の真実性をも高めている。

　ここでは『風土記』の記述とかかわりのある遺跡を通して、いささかなりとも出雲の原始・古代社会の実像を解明してみたいと思う。

①――くにびき神話と出雲国の成り立ち

くにびき神話と風土記時代の自然景観

『風土記』には『古事記』や『日本書紀』に登場しない神話がのる。意宇《おう》郡の由来について、八束水臣津野命《やつかみずおみつののみこと》▲が「八雲立つ出雲国は狭い布のような若い国である。縫《ぬ》って大きくしよう」とおっしゃった。そして志羅紀《しらぎ》の三埼《みさき》をみて国の余りを、三本をより合わせた綱をたぐってもそろもそろに「国来《くにこ》・国来」と引いてきて縫ったのが八穂爾《やほに》▲支豆支《きづき》の御埼である。この時の杭《くい》は佐比売山《さひめやま》(三瓶山)、綱は薗《その》の長浜である。次に、北門《きたど》の佐伎《さき》国の余りを引いてきて縫ったのが狭田《さだ》国▲である。次に、北門の良波《よなみ》国のあまりを引いて縫い合わせたのが闇見《くらみ》国である。最後に、高志《こし》の都都《つつ》の三埼の余りを引いてきて縫ったのが三穂《みほ》埼である。持って引いた綱は夜見嶋《よみのしま》▲、杭は伯耆《ほうき》国の火神岳《ひのかみのたけ》▲である。意宇杜に御杖《みつえ》をついて、「意《お》恵《え》」とおっしゃった。それで意宇という、とある。

志羅紀は朝鮮半島の新羅《しらぎ》、支豆支は島根半島西端の出雲大社のある杵築《きづき》あたりの地域、佐伎国は平城京出土木簡の「海部《あま》郡佐伎郷」と表記が同じであるとこ

▼**八束水臣津野命**　内田律雄は水をつかさどる西部出雲の土着神の意美豆努命《おみずぬ》が出雲郡出雲郷という命名をし、その後、活動の場を東部出雲に移し、国引きをして意宇郡の名をつけたと見る。

▼**八穂爾**　八百土(『日本古典文学大系』岩波書店)。八百丹＝丹塗り柱を表わすとの考えもある。

▼**狭田国**　佐太大神の領域であろう。

▼**夜見嶋**　現在の鳥取県にある弓ケ浜半島が島であった。

▼**火神岳**　鳥取県にある標高一七〇九メートルの中国地方最高峰の大山。

ろから隠岐国、今の隠岐郡海士町崎《あまさき》が比定地である。狭田国は出雲市東北部から松江市島根町加賀あたりまで広がっていたと考えられる。良波国は、隠岐郡隠岐の島町大久《おおく》や同じ隠岐の島町今津、京都府北部の丹波などの考えがあり見解が一致していない。闇見国は松江市新庄町に蔵見谷があるのでその周辺。都都は能登半島の珠洲《すず》市のほか新潟県の筒石の考えがある。種々の見解のある良波国はたとえば、良い波の寄せてくる仮想の国、他の三地名は実在の国と見てはいかがであろうか。

くにびき神話は、単にフィクションとは言えない面がある。島根半島が中国山地側と陸続きにつながる平野の形成過程を、神話物語として表わしているかのようだからである。

島根大学汽水域《きすいいき》研究センターでは、宍道湖《しんじこ》・中海《なかうみ》などの汽水域とそれを取り巻く地域についての調査研究を行なっている。その研究から、宍道湖・中海地域の地形発達史についておおよそ次のように考えられている。

(1)一万年前から六〇〇〇年前頃にかけて縄文海進▲が起こり、島根半島と中国山地北縁の間には内湾(古宍道湖と古中海)が形成された。

▼**縄文海進**　縄文時代には地球が温暖化したために海水面が上昇し、陸地が狭くなる現象がおこった。

（2）縄文海進がピークに達した六〇〇〇年前以降は、河川が運んだ土砂が内湾を少しずつ埋め立てて出雲平野や弓ヶ浜砂州《ゆみがはまさす》などの沖積低地が拡大していった。

（3）風土記が書かれた約一三〇〇年前、島根半島は出雲平野によって完全に陸続きになり宍道湖は海と直接の繋《つな》がりを断たれていたが、現在と同様に中海を経て海水が流入していた。弓ヶ浜砂州は付け根付近に水道が形成され、中海では海水の流入が多い環境が出現し、宍道湖も海水の影響が大きかった。

出雲平野が拡大し、島根半島が陸続きになっていく過程をもう少し詳しくみるとこうだ。

出雲平野の地下には内湾性の貝を含む海成の地層が厚く堆積している。そこには約六三〇〇年前のアカホヤ火山灰▲層が挟まれていることから、縄文時代早期末〜前期の出雲平野は海だったことがわかる。アカホヤ火山灰は松江低地の北東部から宍道湖の湖底、出雲平野まで連続しており、出雲の西部へ行くほど分布深度が深くなっている。当時の出雲平野は西へ開いた内湾の一部で、この頃が縄文海進によってもっとも海が広がった時期である。

▼**アカホヤ火山灰**　鹿児島の南の海中で起こった鬼界火山の巨大噴火によって広範囲に降り積もった火山灰。なお、島根県大田市の巨木林「三瓶小豆原埋没林」は縄文時代後期の三瓶火山の噴火によって埋もれたもの。三瓶自然館で展示。

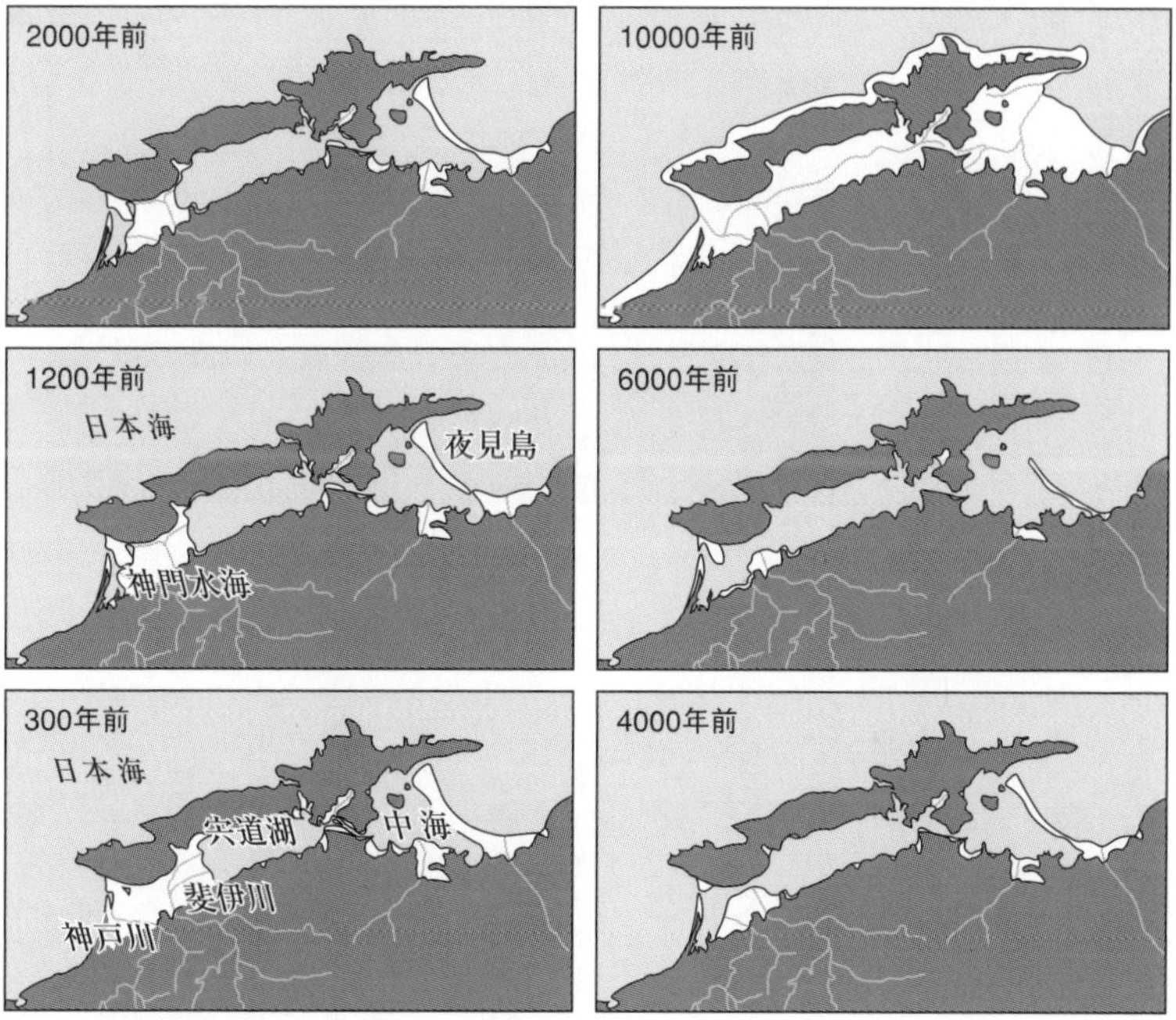

●—出雲地方の地形の変遷 （中村唯史原図）

●—上長浜貝塚の発掘風景　砂丘の十数メートル下から発見された。

●―斐伊川と出雲平野

▼鉄穴流し　風化花崗岩の山を崩し、水流による比重選鉱で砂鉄と土砂によりわけて砂鉄を採取する方法。

六〇〇〇年前以降、斐伊《ひい》川と神戸《かんど》川が運んだ土砂によって出雲平野が徐々に拡大を始めるが、縄文時代中期と縄文時代後期に神戸川の上流で三瓶《さんべ》火山の噴火が起こる。この噴火にともなう多量の噴出物が泥流や洪水を引き起こし、神戸川を一気に流れ下って出雲平野を急速に拡大させた。神戸川の下流にあたる出雲平野西部では弥生時代遺跡が密集しているが、その大部分は三瓶火山の噴出物からなる地盤の上に立地している。出雲市の三田谷《さんただに》Ⅰ遺跡や古志本郷《こしほんごう》遺跡では、火山灰質の砂からなる地層の堆積年代が三七〇〇年前頃で、縄文時代後期の噴火と一致する。急速に平野が拡大し、島根半島が陸続きになっていく様子は、くにびき神話のストーリーと重なるようにみえる。むろん、それは『風土記』の時代どころか、弥生時代開始よりも一〇〇〇年以上昔の出来事である。遠い祖先からの伝承があったのだろうか。

　出雲平野をつくるもうひとつの河川・斐伊川は、しばしば「暴れ川」と呼ばれた。この河川は花崗岩地帯を流れる川で、もともと砂の運搬量が多い。しかも、中世以降とりわけ江戸時代には、鉄穴《かんな》流し▲によって花崗岩に含まれる砂鉄の採取が盛んに行なわれ、砂の運搬量が著しく増加した。著しく増大した砂の供給と山地の荒廃による度重なる洪水によって、下流部では出雲平野の急速な拡大が起こった。一六三九(寛永十六)年の洪水では、それまで西に流れて直接日本海に注いでいた斐伊川が、東流して宍道湖に注ぐようになった。

『風土記』は、出雲大川について、「源は伯耆と出雲との二国の堺にある鳥上山《とりかみ》▲より流れて仁多郡横田村に出て(中略)河内・出雲の二郷をへて北に流れ、さらに折れて西に流れ、伊努《いぬ》・杵築の二郷をへて神門水海《かんどのみずうみ》▲に入る。ここはいわゆる斐伊の河下である。川の両側辺は土地が肥えている(中略)アユ・サケ・マス・ウグイ・ウナギなどが淵瀬に並び泳いでいる。一月から三月までは材木を挍《なら》べた船が河の中をくだっている」と書く。いわば出雲のナイル河とでも呼ぶのがふさわしい川である。天井川《てんじょうがわ》となった現在とは大きくイメージが異なる。

出雲西部に存在した潟湖、神門水海について『風土記』は、周囲は三五里七四歩(約一九キロメートル)で、ナヨシ・チヌ・スズキ・フナ・カキがいる、とある。神門水海は少なくとも中世までは存在したという。今のように周囲五キロメートルという狭い神西湖《じんざい》ではなかった。

出雲市の上長浜貝塚《かみながはま》▲では、砂丘の堆積層の下、約十数メートルから奈良時代

▼**鳥上山**　島根・鳥取県境の標高一一四二メートルの船通山。『古事記』に「肥河上なる鳥髪」、『日本書紀』に「鳥上之峰」とある。

▼**神門水海**　現在の神西湖はそのなごりである。

▼**上長浜貝塚**　出雲市西園町に所在する砂丘に埋もれた遺跡。

後半〜平安時代初期と平安時代末期の二時期の貝塚がみつかっている。古い時期の貝塚からは土師器・須恵器・製塩土器、釣針・ヤス・鎌・刀子などの鉄製品、骨角器、ヤマトシジミを主体にカキ・オキアサリ、マダイ・クロダイ・サメ・シカ・イノシシなどの獣魚骨が出土している。『風土記』は付近の薗松山《そののまつやま》▲が年々砂に埋もれていくありさまを描写している。

安来《やすぎ》平野の場合、『風土記』には羽《は》島や砥神《とかみ》島がのる。それぞれ、小山となっている飯島《はしま》と安来港近くの十神山である。『風土記』の書かれた頃はそれぞれの周辺が海であったことを示している。安来市荒島小学校近くの岩屋遺跡では、発掘調査によって弥生時代後期には明らかに海浜であったことが確認されており、『風土記』の記述を証拠立てている。安来平野の西を貫流する飯梨川《いいなし》▲は一六六六(寛文六)年の大洪水によって今のような流路になった。

松江市街の北東に位置する西川津《にしかわつ》遺跡や島根大学構内遺跡は低湿地遺跡で、調査により海水面の上下変動の様子が明らかになっているが、周辺一帯は弥生時代ごろ宍道湖の岸辺に近いところであった。西川津遺跡の出土品の中には大形の結合釣針やヤス・タモなどの漁具のほか、ツル・イノシシ・シカ・クジ

▼**薗松山**　「白い沙《いさご》のみが積み上っている。松林がしげるが、四風吹く時は沙飛び流れて松林をおおい埋もれさせるようだ。年々埋ってしまい半分ほどが残っている」などと『風土記』にのる。

▼**飯梨川**　出雲市佐田町須佐建紀所蔵の「天文年中写吐月山古城之図」にはそれ以前のようすが描かれている。安来市古川町の発掘調査では、現在の水田下に堆積した砂層を除くと、一・五メートルほど下に中世の水田跡が確認されている。

ラ・タイなどの魚鳥獣類、モモ・クルミ・ウリなどの植物が確認されている。『風土記』には、出雲国内のいくつもの川に「年魚・麻須あり」と記述され、アユやマスのすむような水のきれいな川であった。島根半島の日本海岸側には今はみられないアシカの生息する等々《とど》島がある。また、山野の鳥獣は種類が豊富である。『風土記』は、宍道湖の嫁ケ《よめが》島について「野代の海の中に蚊島あり。……その磯に螺《にし》・海松《みる》▲あり」と見える。螺・海松は海水中に生育する貝・海藻であるから、外海と同じような塩分濃度であったことがわかる。今の中海についても大井浜は「海鼠や海松あり」とある。宍道湖は『風土記』のかかれた頃はもちろん、江戸時代においても「出雲国十郡絵図」▲によって示されるように、今より相当広かったことがわかる。

青銅器のクニ

今から一万六〇〇〇年以上前の旧石器時代遺跡は出雲に五〇カ所あまり知られており、奥出雲町原田遺跡では約三万年前の石器が検出されている。

縄文時代の遺跡は島根半島や中海沿岸などの佐太講武《さだこうぶ》貝塚、サルガ鼻洞窟遺

▼海松　ミル。食用となる海藻の一つ。

▼出雲国十郡絵図　島根県立図書館蔵。一八二一(文政四)年に作成されたもの。

跡、中国山地の板屋《いたや》Ⅲ遺跡など数多い。中でも板屋Ⅲ遺跡ではプラントオパール分析▲の結果、シコクビエ▲などの栽培や稲籾痕のついた土器によって、既に縄文時代晩期に稲がもたらされていたことがわかっている。

弥生時代前期には原山遺跡、古浦砂丘遺跡、西川津遺跡など砂丘や低湿地さらには中国山地の遺跡において、朝鮮半島系や北九州の遠賀川《おんががわ》▲系の土器が見つかっており、朝鮮半島から渡来した人々や北部九州の文化の影響があった。

弥生時代の出雲の大きな特色は、光に輝く銅剣・銅矛や銅鐸など青銅器▲の文化が特に華やかであったことである。銅剣・銅矛や銅鐸は弥生時代の稲作農耕に関わる祭祀に用いられたといわれ、銅剣などの武器形祭器は悪霊を追い払うもの、銅鐸はカミを招くものと考えられている。

一九八四(昭和五十九)年七月荒神谷《こうじんだに》遺跡▲から三五八本の銅剣がみつかった。一年後にまた、同じ遺跡から銅鐸▲と銅矛が一緒に検出された。さらに、一九九六(平成八)年山一つ越えた加茂岩倉《かもいわくら》遺跡▲から今度は銅鐸が大量に発見された。常識をはるかに越える青銅器が出土した出雲は、一躍わが国最大量の青銅器を保有した地域であることが判明し、「青銅器のクニ」とも呼ばれるようになった。

▼プラントオパール分析　遺跡の堆積物からプラントオパール(植物珪酸体)化石を取り出し、栽培をふくむ古植生を推定する方法。

▼シコクビエ　イネ科の一年生栽培植物。

▼遠賀川　福岡県の東北部を流れる川。この流域には立屋敷遺跡などがある。

▼青銅器　銅・錫・鉛の合金。さびで覆われ青緑色であるが、もとは白金色や金色に輝いていた。

▼荒神谷遺跡　出雲市斐川町大字神庭字西谷(斎谷)に所在。『風土記』は出雲郡健部《たけるべ》郷。

▼銅鐸　古い順にⅠ・Ⅱ・Ⅲ・Ⅳに分類される。荒神谷銅鐸はⅠ式＝一個、Ⅱ-1式＝五個。

▼加茂岩倉遺跡　雲南市加茂町大字岩倉に所在。松江市鹿島町志谷奥からは銅鐸二個と銅剣六本が一緒に出土。

●―**荒神谷遺跡出土の銅剣群**　四列三五八本の銅剣が出土した。この下に一つの穴があった。

●―**荒神谷遺跡出土の銅鐸と銅矛**　全国で初めて銅鐸と銅矛が一緒にうめられていた。

●―**加茂岩倉遺跡出土の銅鐸**　わが国最多の三九個の銅鐸が発見された。大きい銅鐸の中に小さな銅鐸が入る。

通説を覆し、同時に古代出雲観を大きく変える契機となった。

荒神谷遺跡発見のきっかけは、広域農道予定地のわずかに段状になった丘陵斜面に古墳時代の横穴墓があるかもしれないと、細長い試掘溝を設けて発掘したところ、なんと三五八本の銅剣が見つかった。これまで発掘された銅剣数は日本全体で約三〇〇本であったから、驚嘆すべき数量である。調査担当者の足立克己の卓越した観察眼が大発見をもたらした。工事中に偶然発見されることが多い中、終始学術的に調査された意義は大きい。翌年の電磁探査にもとづく調査によって、わずか七メートル離れた場所から、前述のように銅鐸六個・銅矛一六本が初めて一緒に埋納されているのが見つかった。

全長五〇センチ前後の中細形銅剣▲三五八本は、丘陵斜面をカットし、二段の平坦面を作り、刃部を上下に向け、四列に納められていた。銅剣群の下には一個の穴があり、この穴に何かを入れていたと思われる。周囲には柱穴が認められたので、覆屋《おおいや》があったとも考えられる。

銅鐸・銅矛はやはり斜面に平坦面を設けて、銅鐸六個は上下に、三個ずつ鈕《ちゅう》を向き合わせに置き、その隣に刃部を上下に、鋒《きっさき》を交互向きにした銅矛一六

▼**中細形銅剣**　銅剣は古い順に細形・中細形・中広形・広形に分類される。荒神谷の場合、中細形銅剣C類で、西から順にA列三四本、B列一一一本、C列一二〇本、D列九三本。A、B列はほとんど鋒を交互向き、C、D列は鋒先をそろえている。

▼**聞く銅鐸**　大型化した「見る銅鐸」に対して、古式の鳴らす銅鐸を指して呼ぶ名称。

本を置く。銅鐸は二二～二四センチの大きさで、古いタイプの「聞く銅鐸▲」である。銅矛は全長六八～八四センチで中細形＝二本、中広形＝一四本。周囲に柱穴跡がある。なお、周辺には焼土、谷には音を立てて流れる湧水が認められた。また、埋納場所からは出雲郡の神名火山《かんなび》(仏経山)が西側正面に望める。

加茂岩倉遺跡は農道工事中に偶然発見された。荒神谷から東南に三・四キロメートル離れた細長い谷奥の丘陵中腹に二つの坑《あな》▲が検出された。一つは銅鐸を納めた坑で、畳一枚分の大きさだ。もう一つの坑は西に三メートル離れている。いずれも袋状で粘質土と砂質土が交互に埋められ、炭化物が混じる。

銅鐸数は一カ所から発掘されたものとしては、最多の三九個。それまでは滋賀県野洲市大岩山《おおいわやま》の銅鐸二四個(三カ所)、神戸市灘区桜《さくら》ヶ《が》丘《おか》町(旧地名神岡《かみか》)の銅鐸一四個・銅戈《どうか》七本であったから大変な驚きである。原位置にあったのは入れ子▲の二組四個である。その状態や銅鐸痕跡から鰭《ひれ》を上下に、交互向き▲に納めていたと想定される。しかも一個を除いてはすべて大小セットの入れ子であったと考えられる。入れ子銅鐸の例は、滋賀県大岩山や京都市右京区梅ケ畑《うめがはた》に例があるが、加茂岩倉から始まり東方へ広まったのだろうか。銅鐸は古いタイプ▲

▼**二つの坑**　銅鐸を埋めた坑は推定二×一・五メートル、深さ四五センチ。空の坑は三×一・六メートル、深さ四五センチ。銅鐸埋納坑近くで採取した炭化物の^{14}C年代は紀元前七〇～紀元三〇年、空の坑は紀元前二二〇～一二〇年。

▼**入れ子**　大きいものの中に小さいものが入る状態。大きい銅鐸は四五センチ前後、小さい銅鐸は三〇センチ。

▼**交互向き**　愛知県豊川市伊奈町の三個の銅鐸の場合、交互向きで、加茂岩倉と類似の埋納観念がうかがわれる。岡山県鏡野町竹田五号墳や鳥取県北栄町瀬戸三五号墳・島根県雲南市加茂町川子谷B一号墳などで男女(親子)交互向き埋葬がある。

▼**古いタイプ**　Ⅱ-1・Ⅱ-2・Ⅲ-2式で、荒神谷遺跡出土の銅鐸よりも大きく、やや新しい型式が含まれる。

で、文様は四区・六区の袈裟《けさ》襷《だすき》文《もん》や流水文、絵画は人面・鹿・四足獣（猪・犬か）・トンボ・ウミガメである。人面とウミガメはほかに発見例がない。付近には大岩や岩陰の旧矢櫃《やびつ》神社地がある。

荒神谷、加茂岩倉とも谷奥の丘陵斜面に大量の青銅器が類似した方法で埋められていること、神庭《かんば》西谷《さいだに》（斎谷）、岩倉（磐座）というそれぞれ祭祀ゆかりの地名であること、×印がついていること、一部に水銀朱が付着することなどが共通する。青銅器に×印を刻むのは独特であり、ほかに例がない。

難波洋三の調査によると、荒神谷の三号銅鐸は徳島県脇町《わきまち》（現美馬市）銅鐸、二号銅鐸は京都市梅ヶ畑四号銅鐸と同笵《どうはん》、加茂岩倉銅鐸は一五組二六個の同笵銅鐸が確認されている。一つの鋳型から六個以上鋳造されている例もある。補刻のほかX線写真撮影の結果、鋳掛《いか》けがあることもわかった。加茂岩倉と同笵銅鐸の分布は、出雲の東方地域の鳥取・岡山・徳島・兵庫・大阪・和歌山・奈良・福井・岐阜等広い範囲にわたる。加茂岩倉の銅鐸鋳造地は主に近畿地方、一部は出雲もしくはその周辺と考えられている。研《と》ぎ分け文様のある銅矛は佐賀県検見谷《けみだに》・目達原《めたばる》など北部九州に類例が集中しており、荒神谷の銅矛は北部

▼**絵画**　トンボは害虫退治、鹿は豊穣、白目の人面は辟邪（祖霊の顔とも）などをあらわすという。

▼**×印**　荒神谷銅剣の三四四本、加茂岩倉銅鐸の一四個に刻印がある。辟邪、除災の意味があるともいわれる。

▼**同笵**　同じ鋳型でつくったもの。

▼**銅鐸鋳造地**　村上隆による銅鐸の成分分析から奈良県唐古《からこ》・鍵《かぎ》遺跡でつくられたものがある。

●—荒神谷銅鐸・加茂岩倉銅鐸と同笵の銅鐸分布

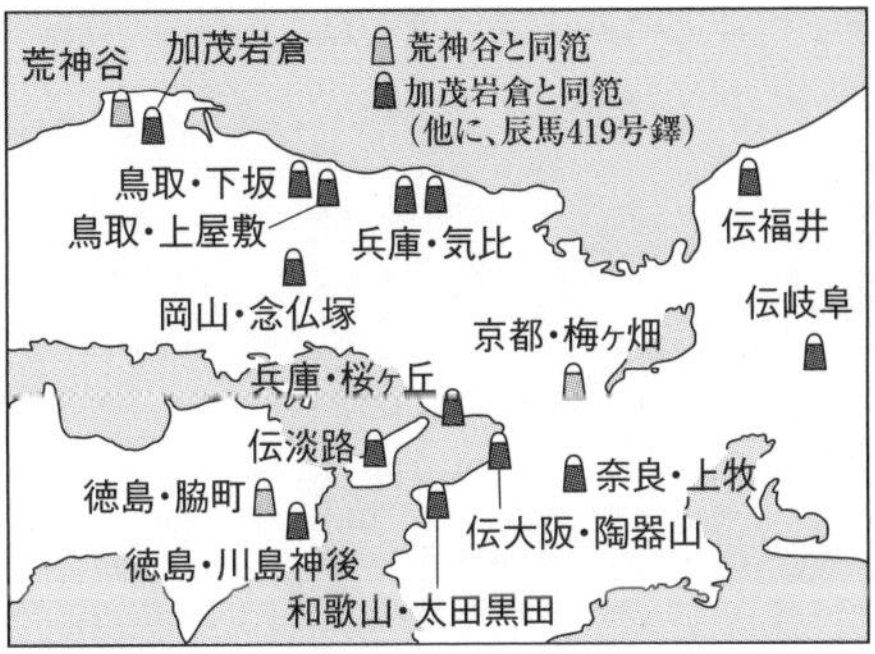

▼**古浦砂丘遺跡**　島根県松江市鹿島町古浦に所在。金関丈夫らが発掘調査し、弥生時代の埋葬遺跡の様子が明らかとなった。

▼**田和山遺跡**　松江市乃白町に所在。宍道湖南東岸の標高四六メートルの丘陵に位置する。

九州で製作されたと考えられる。中細形銅剣C類は荒神谷で多数出土し、出雲の志谷奥《しだにおく》・横田《よこた》八幡宮境内、鳥取県八橋《やばせ》・香川県瓦谷《かわらだに》・高知県波介《はげ》に例があることから、出雲製作の可能性がある。

当時貴重品であった各種の青銅器を大量に入手保有できた背景には、北部九州あるいは近畿地方と交流する大共同体の存在が想像される。両者の埋納時期には大きな差はなく、弥生中期末か後期初頭頃と推測される。大量に埋めた理由は大共同体の重大事遭遇、たとえば当時の政治的・軍事的緊張に際して大々的な祀りをしてカミに祈ったためであろうか。

出雲において、青銅器の祀りを考える上で、古浦《こうら》砂丘遺跡▲と田和山《たわやま》遺跡▲は示唆的である。古浦砂丘遺跡では卜骨とシャーマンと推定される人骨などが出土している。田和山遺跡は弥生前期末頃につくられ始め、最初は、三方に細長い壕がつくられる。その後、中期後半には三重環壕となる。頂上の平坦面に、前期末頃に中心に柱をもつ一間四方の櫓《やぐら》状の建物、中期後半には二間四方、九本柱建物(神庫か)がつくられる。周辺には塀や柵がめぐる。遺物は土器をはじめ銅剣形石剣・鉄剣形石剣・環状石斧・石板・土玉・石鏃・石戈・石包丁・砥

●—田和山遺跡全景　弥生前期〜中期。三重環濠の幅三〜七メートル、深さ一〜一・八メートル。類例は韓国盤諸里遺跡、兵庫県大盛山遺跡。

●—姫原西遺跡の出土品　弥生後期末。弩や琴板、ジョッキ型木器などが出土した。

●—古志本郷遺跡　環濠には大量の土器が廃棄されていた。

石・つぶて石などがみつかっている。特に、石板は朝鮮半島楽浪《らくろう》遺跡出土の硯《すずり》の石に似ており、楽浪文化との関わりで注目される。三重環壕の外側斜面には竪穴住居跡・掘立柱建物跡が二十数棟ある。環壕や集落が廃絶するのは弥生中期末頃で、荒神谷や加茂岩倉に青銅器が埋納され、青銅器の祀りが終わる頃と同じである。この時期に大きな社会変革があったようだ。

四隅突出型墳丘墓に葬られた王

出雲では、北部九州を中心に分布する広形銅矛や、近畿・東海地方に多く分布する銅鐸は発見されていない。早い段階に青銅器の祀りをやめ、四隅突出《よすみとっしゅつ》型墳丘墓《がたふんきゅうぼ》をつくる社会に変わったらしい。

四隅突出型墳丘墓は方形墳丘の斜面に貼石《はりいし》と列石があり四隅が舌状《ぜつじょう》に張り出す墓で現在一〇〇基余が確認されている。四隅の張り出しは墓道説や悪霊防御・聖性表示説がある。源流は朝鮮半島北部ともいわれるが、弥生中期後半頃につくられ始め、弥生後期に丹後を除く山陰、北陸の日本海岸地域にのみつくられるという特色ある分布をする。四隅突出型墳丘墓という共通の墳墓祭祀を採用する、日本海岸地域の広域のまとまり（地域連合体とか四隅突出同盟と呼ばれる）が想定されている。その中心にいたのが出雲のようである。出雲で規模の大きいのは西部の西谷《にしだに》墳墓群▲と東部の安来市仲仙寺《ちゅうせんじ》・塩津山《しおつやま》墳墓群である。西谷墳墓群の大型四隅突出型墳丘墓四基は王墓である。弥生後期後半（二世紀後半頃）の三号墓▲は、わが国屈指の規模だ。木槨《もっかく》墓などを埋葬施設とし、四本の大きな柱穴のある墓上施設をもつ。在地の土器とともに吉備の土器、北陸系の土器を供献《きょうけん》し、多量の水銀朱、ガラスの勾玉などの玉類等を副葬する。出雲の広い地域を支配するとともに、吉備や北陸と交流した王の姿を想像することができる。この頃は出雲がもっとも輝いた時代といわれる。

四隅突出型墳丘墓築造の背景には、朝鮮半島から渡来した鉄器製作集団とその集団の宗教が関わっているとの見方がある。弥生後期になると集落が増加し、時期を追うごとに山陰系土器▲が山陽側に広がり、後期後葉には安芸南部や吉備南部をのぞく地域まで進出する。また、山陰の鉄器は独自色▲を持ち、その出土量は瀬戸内や近畿地方をしのぐ。出雲の勢力が朝鮮半島からの貴重な鉄の日本海ルートを掌握し、中国山地を越える地域まで影響を及ぼしたのである。

▼西谷墳墓群　四隅突出型墳丘墓六基、古墳二〇基余、横穴墓群などがある。一部史跡公園となっており、出雲弥生の森博物館がある。

▼西谷三号墓　出雲市大津町字西谷に所在。島根大学考古学研究室が発掘調査を実施した。規模は四〇×五五メートル、高さ四・五メートル。最大の九号墳は一辺六〇メートル、高さ五メートル以上。

▼山陰系土器　出雲の弥生後期の土器は地域色をもつ独特のもので、この系譜をもつ土器をさしていう（池橋幹「弥生後期土器の地域色とその背景」『考古学研究』三二―三・一九八五）。

▼山陰の鉄器は独自色　鉄鏃は無茎式であり、大陸産の大形の武器が多数認められる。

集落については、出雲平野に古志本郷《こしほんごう》遺跡、天神《てんじん》遺跡などの環壕集落や宍道湖、中海南岸に上野《うえの》Ⅱ遺跡、比高が八〇メートルもある陽徳《ようとく》遺跡などの高地性集落▲が営まれる。倭国乱▲の時期には全国的に多くの高地性集落がつくられる。しかし出雲では一時期おくれ、倭国乱がおさまる後期末（三世紀中ごろ）に多い。この時期は西日本各地で領域を越えた人の交流が始まり、環壕集落や高地性集落は姿を消していくと考えられているが、出雲ではこの頃が対外的に緊張した時期のようである。次の弥生最終末〜古墳時代初頭頃を境に、古志本郷遺跡など出雲平野に営まれたそれまでの拠点集落が急に姿を消してしまうようだ。

古墳から出雲国へ

古墳時代になると四隅突出型墳丘墓はつくられなくなる。

前期の古墳は、四隅突出型の王墓がつくられた西谷墳墓群の周辺には確認できず、斐伊《ひい》川中流域の景初三（二三九）年銘三角縁神獣鏡を副葬した神原《かんばら》神社古墳▲（方墳）、松本一号墳・三号墳▲（いずれも前方後方墳）と東部出雲の中海の南側、安来市荒島《あらしま》丘陵の塩津山一号墳、大成《おおなり》古墳▲、造山《つくりやま》一号墳▲・三号墳（いずれも方

▼**高地性集落**　高地につくられた遺跡で、軍事的・防御的な性格をもつと考えられている。

▼**倭国乱**　『魏志』倭人伝に記述された、二世紀の半ばから後半ごろにあった倭国の争乱。

▼**神原神社古墳**　雲南市加茂町神原に所在。周りの溝を含めた大きさ南北三五×東西三〇メートル、高さ五メートル。竪穴式石室が移築保存されている。

▼**松本一号墳・三号墳**　雲南市三刀屋町給下に所在。全長各五〇メートル。

▼**大成古墳**　安来市荒島町所在。一辺四五メートル、高さ六メートル。竪穴式石室。

▼**造山一号墳**　安来市荒島町所在。一辺六〇メートル、高さ一〇メートルで、二つの竪穴式石室がある。周辺は古代出雲王陵の丘として整備されている。

墳）などである。大形古墳はこの二カ所に集中して営まれている。とりわけ大成古墳や造山一号墳は前期の方墳としては全国一の規模である。荒島地域は四隅突出型墳丘墓の築造された弥生時代から継続してつくられるが、西部出雲の勢力は斐伊川中流域の勢力にとってかわられたようだ。

前方後方墳は前期に多く築造され、全国で四〇〇基を越える。そのうち出雲には四〇基余がつくられている。出雲の場合は前期に斐伊川中流域の雲南市三刀屋町に築かれるほかは、五世紀後葉ごろから六世紀を通じて、飯梨《いいなし》川以西の出雲東部地域につくられる。その最大のものは六世紀中頃の松江市山代二子塚《やましろふたごづか》古墳▲である。

前方後円墳は出雲に一一〇基ほど築かれ、前期はわずかに松江市廻田《さこだ》一号墳、出雲市大寺《おおでら》一号墳▲がつくられる程度であるが、その後は宍道湖南岸や西部出雲地域と飯梨川以東の地域に多く築造される。最大のものは六世紀中頃の大念寺《だいねんじ》古墳▲で、横穴式石室の中にわが国最大規模の石棺を納めている。ちょうど六世紀中頃には出雲の東部に山代二子塚、西部に大念寺古墳という地域最大の墳丘を持つ古墳が一基ずつ築かれたのである。わが国の他地域では見られない特徴

▼山代二子塚古墳　松江市山代町所在。六世紀中頃の前方後方墳としては西日本最大の規模。次の代の古墳は東隣りの山代方墳で、中央豪族の蘇我氏と同じ墳形を採用している。

▼大寺一号墳　出雲市東林木町所在。竪穴式石室を主体とする全長五二メートルの前方後円墳。

▼大念寺古墳　出雲市今市町に所在。全長九一メートル。長さ一二・八メートルの横穴式石室には大小二つの石棺を納める。大きい石棺は巨大な凝灰岩をくりぬいた長さ三・三メートル、幅一・七メートル、高さ一・七メートル。副葬品は金銅製履・鏡・大刀・馬具・須恵器など。次の代の首長墓は冠や装飾大刀、馬具が出土した上塩冶築山古墳と考えられる。

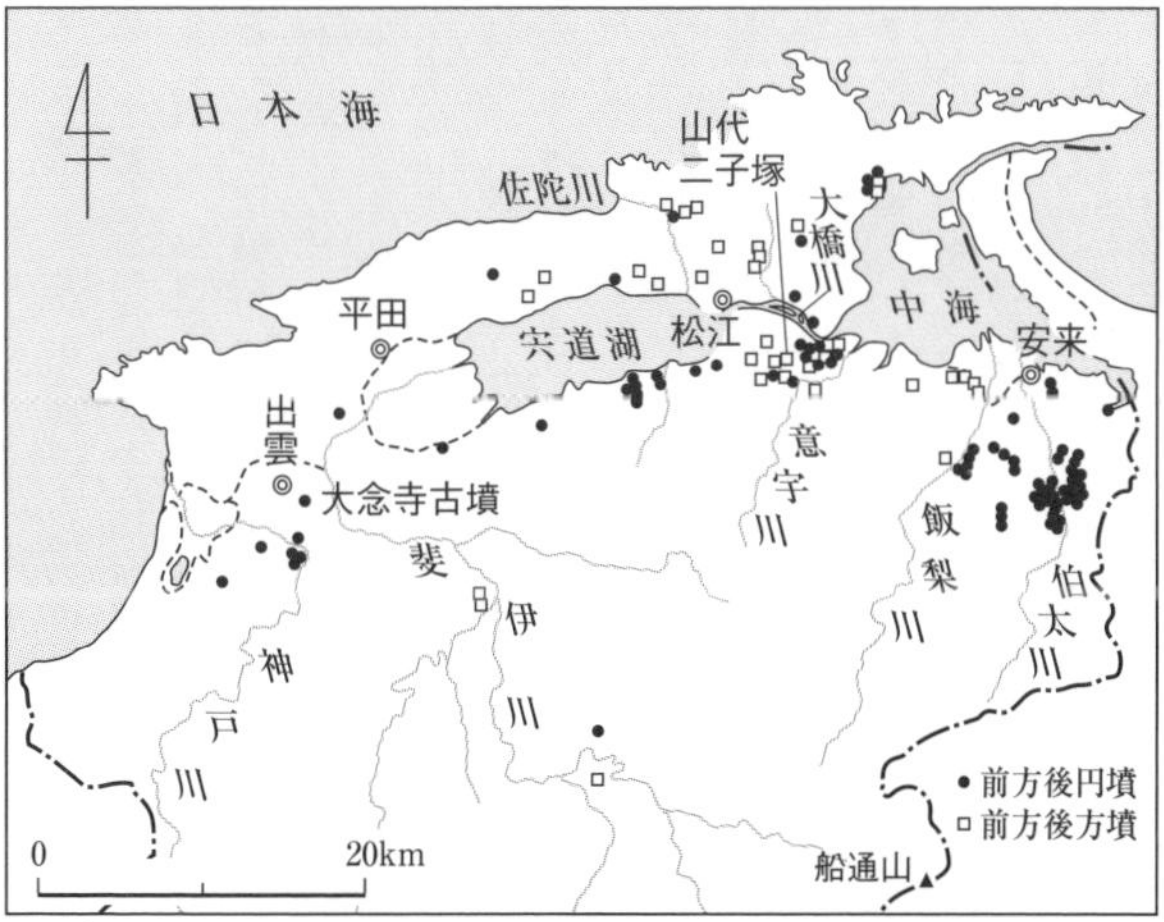

●—出雲の前方後円墳と前方後方墳の分布

●—**山代二子塚古墳全景**　出雲最大の古墳で前方後方墳。墳長94メートル。

●—**大念寺古墳石室**　石棺はわが国最大級の大きさ。江戸時代の1826（文政９）年に発見。

であり、このことはまた、それぞれの地域が一つにまとまったことを意味する。弥生後期後半の四隅突出型墳丘墓がつくられた時代の二極構造とよく似た状況である。この二基の古墳の被葬者のおおよそ次の代あたりに、山代二子塚を築造した東部出雲勢力が盟主となって出雲が一つにまとまり、出雲国▲が成立するのであろう。

『風土記』には、神門《かんど》郡日置《へき》郷の条に、欽明天皇▲の時、日置伴部《ともべ》等が派遣されて停《とど》まり政《まつりごと》を行なった、意宇《おう》郡舎人《とね》郷の条には同じ欽明天皇の時大舎人《おおとねり》▲として朝廷に仕えたとあり、大和政権と出雲の東西の特定地区との関係を表わしている。

出雲では六世紀後半から七世紀前半に、九州の肥後地域に起源をもつ石棺式石室▲の古墳が、東は飯梨川、西は宍道湖沿岸地域に限って築造される。また、この石棺式石室の影響を受けた横穴墓群も数多くつくられる。安来市の鷺《さぎ》の湯《ゆ》病院跡横穴墓の副葬品は金銀装大刀《たち》、冠、歩揺付棗玉形空玉《ほようつきなつめだまがたうつろだま》、金銅製太環式《たいかんしき》耳飾りなどであり、かわらけ谷横穴墓は双龍環頭《かんとう》大刀といった際立った品である。出雲出土の装飾大刀を検討すると、西部出雲出土のものはねじり環頭、く

▼**出雲国**　井上光貞は東部出雲の意宇勢力が西部出雲の杵築勢力を打倒し、出雲国造に任じられたとする。門脇禎二、高嶋弘志等も東部のオウ王(氏)が出雲西部へ領域を拡大し、出雲全域の政治支配を確立したとする。一方、八木充は五、六世紀のヤマト勢力の出雲平定は西出雲がまず主対象になり、その後意宇がその配下に編入され、杵築の出雲臣氏の本拠を意宇に移し、出雲国全域の国造に任命したとする。

▼**欽明天皇**　在位は六世紀中頃。継体天皇の嫡子。見瀬丸山古墳が陵墓と考えられている。

▼**大舎人**　天皇に仕え雑使などをつとめる下級官人。

▼**石棺式石室**　家形の石棺が巨大化した横穴式石室の一種。

さび形柄頭などの伝統的倭風《わふう》大刀で中央豪族の物部《もののべ》氏との関わり、東部出雲出土のものは単龍・三葉・獅噛《しがみ》・双龍など各種図像の環頭でつくられた大陸風飾り大刀で蘇我氏との結びつきで配布を受けていたが、物部氏滅亡後は出雲全体が同じような装飾大刀となるという。岡田山一号墳▲出土の「各田部臣《ぬかたべのおみ》」銘の銀装円頭《えんとう》大刀は、推古天皇▲(在位五九二〜六二八年)が即位以前に額田部皇女《ぬかたべのひめみこ》と呼ばれていたので、あるいは蘇我氏との関係で配布を受けたのかもしれない。のちの『風土記』記載の大原郡少領額田部臣との関わりも推測される。

なお、六世紀後半ごろつくられた「各田部臣」銘大刀は、部民と臣という部民の統率者の実在したことをあらわす最古の資料として貴重である。

▼岡田山一号墳　松江市に所在する全長二二メートルの前方後方墳。横穴式石室内に内法長さ一一五センチ、幅三五センチの家形石棺をおく。馬鈴の意匠文様が奈良県飛鳥寺塔心礎出土品と似ている。

▼推古天皇　五五四〜六二八年。欽明天皇の皇女。母は蘇我稲目の娘堅塩媛《きたしひめ》。

②—雲太といわれた出雲大社

大国主命の伝承と巨大神殿

出雲大社の祭神は大国主《おおくにぬし》命で、現在では縁結びの神として広く知られる。大国主命は『古事記』や『日本書紀』ではいわゆる出雲系神話の主人公として登場し、因幡《いなば》の白兎の話では傷ついたウサギをやさしく介抱し助ける。また、大国主命は大物主《おおものぬし》神・国作大己貴《くにつくりおおなむち》命・葦原醜男《あしわらしこお》・八千矛《やちほこ》神・大国玉神・顕国《うつし》玉神などの別名をもつが、『風土記』は所造天下大神大穴持《あめのしたつくらししおおかみおおなもち》命あるいは所造天下大神とする。

『風土記』に大原郡神原《かんばら》郷は古老の伝えでは所造天下大神の神御財《かみのみたから》を積み置いたところ、屋代《やしろ》郷は所造天下大神が土を盛って的をおき射撃されたところ、屋《や》裏《うち》郷は所造天下大神が矢をおたてになったところ、とある。城名樋《きなひ》山▲は所造天下大神大穴持命が八十《やそ》神を討とうとして城を築かれた、と記載する。こうした伝承から、大国主命の中心舞台は斐伊川中流域のあたりであったと推測させる。

出雲大社は明治時代初年以前は杵築《きづき》大社▲と呼ばれていた。『風土記』に大社と

▼**城名樋山**　三刀屋川が斐伊川と合流するあたりの東に位置する雲南市木次町の標高一七〇メートルの山。

▼**杵築大社**　出雲大社の一八七一(明治四)年までの呼び名。式内社。出雲国一宮。『風土記』は神亀三年に寸付《きづき》を杵築と改めたとする。

あるのは、杵築大社と熊野大社▲の二カ所である。また、九二七(延長五)年に完成した『延喜式』では神祇官の管轄する出雲国の式内社は一八七座で、大和、伊勢に次いで多く、大社とされたのは杵築大社一社のみであった。

二〇〇〇(平成十二)年三月初め、出雲大社では拝殿と本殿を囲む瑞垣《みずがき》とのあいだの場所に祭礼準備室を建設するため、発掘調査がすすめられていた。工事用の矢板列に囲まれた調査区の中に、室町時代の本殿を区画する木杭の列が現われるとともに、地表下一・五メートルに多数の大きな石が堆積した場所が二カ所認められた。一九五七・五八(昭和三十二・三十三)年に拝殿再建のため発掘調査された結果を勘案すると、古代の本殿跡の可能性があると思われた。そこで、急遽、大社に遺跡保存をお願いした。堆積した石を一個ずつ取り除きながら調査を進めていくと、四月上旬になってなんと巨大な柱が現われた。さらに掘り進むと、三本をからめた柱であることがわかった。三本あわせると直径は三メートルにもなる。大社の歴史を解明する大発見である。柱はすべて杉材で手斧《ちょうな》削りの痕跡が鮮やかに残り、杉の香りが漂っていた。樹齢はおよそ一二〇〜一八〇年。おのおのの柱には運搬したときの目途穴《めどあな》▲があけられていた。石を

▼**熊野大社**　松江市八雲町熊野に鎮座。祭神はスサノオノミコト、櫛御気野《くしみけぬの》命。出雲国造家と深い関係の社。

▼**目途穴**　えつり穴ともいう。いかだなどで運ぶ時縛る穴。

●**出雲大社本殿の変遷**(松尾充晶による)

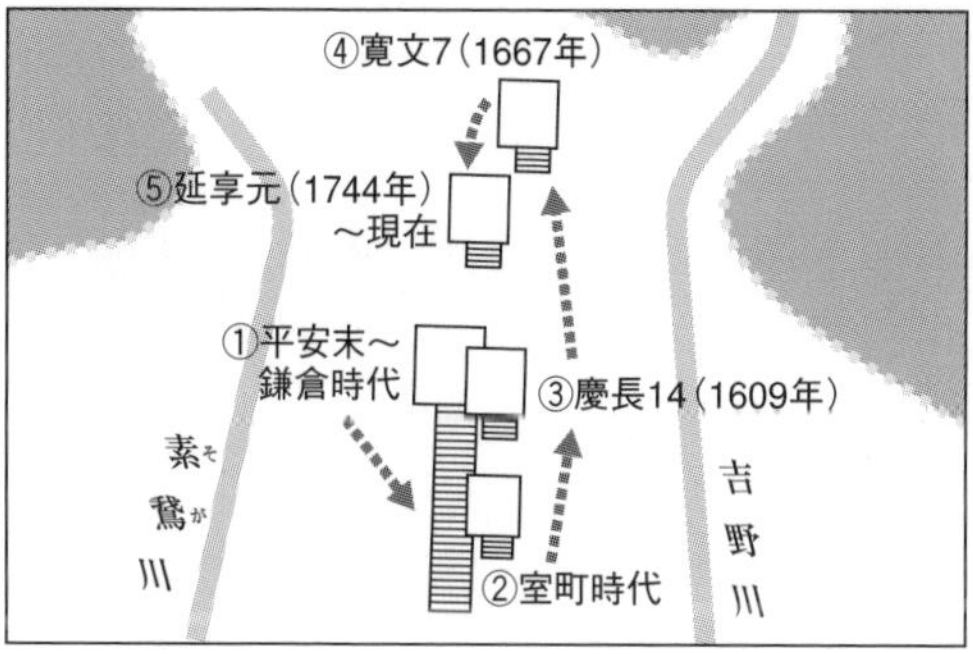

●—**出雲大社**　八足門前の囲みの中が心御柱調査場所。

年	事　項
659(斉明５)	斉明天皇が出雲国造に命じて神宮を造らせる。
733(天平５)	『出雲国風土記』に所造天下大神の宮とのる。
970(天禄元)	『口遊』に、雲太・和二・京三とのる。
987(永延元)	正殿遷宮。
1031(長元４)	出雲国司から杵築社殿が倒れたと報告。
1032(長元５)	杵築社転倒報告の虚偽により、出雲国守橘俊孝を佐渡に流罪。
1061(康平４)	社殿が倒れる。
1067(治暦３)	正殿遷宮。
1109(天仁２)	社殿が傾く。仮殿遷宮。
1110(天仁３)	大社造営の巨木100本が大社に漂着する。
1114(永久２)	正殿遷宮。
1141(保延７)	社殿が倒れる。
1143(康治２)	三前山から造営用の巨木を35本調達。
1145(久安元)	正殿遷宮。
1172(承安２)	社殿が倒れる。
1190(建久元)	正殿遷宮。このころ寂蓮法師が参詣する。
1235(嘉禎元)	社殿が倒れる。
1248(宝治２)	正殿遷宮。
1261(弘長元)	出雲国杵築社鳴動。
1270(文永７)	杵築社が火災にあうが神体は焼失せず。
1334(建武元)	後醍醐天皇より造営命令が出る。
1609(慶長14)	豊臣秀頼、松江藩主堀尾吉晴による仮殿遷宮。
1667(寛文７)	江戸幕府の援助、松江藩主松平直政により、正殿遷宮。
1744(延享元)	現在の本殿が造営される。

●—**出雲大社造営年表**

●――出土した出雲大社の心御柱

●――出土した出雲大社の宇豆柱
目途穴や斜めに削られたものがある。

●――出雲大社本殿跡

取り除くと地面におよそ三〇度の斜面が認められた。柱を立てる時のスロープである。石は柱を固定するためのものだった。

　柱にはベンガラが塗られ、立てる時に位置がずれないようにストッパーの役割をさせるための杭が何本も打ち込まれていた。また、すでに先に立てられた柱と接し邪魔になる根元部分は斜めに削り落とされていた。柱の真下と周辺からは手斧が各一個と土師器・柱状高台付坏《ちゅうじょうこうだいつきつき》、鉄製のカスガイ、木屑・木の葉などが出土した。柱状高台付坏の年代はおおよそ十二〜十三世紀頃である。手斧や土師器・柱状高台付坏は儀式に使用された可能性があろう。

　さらに調査を進めた結果、この巨大柱は三本ひとからめ▲の九本柱で構成される本殿の、南側中央の宇豆柱《うずばしら》▲（棟持柱）であることがわかった。あとで東南側柱、中心の心御柱《しんのみはしら》▲も三本ひとからめでみつかったからである。心御柱には宇豆柱のような表面削りはなかった。検出された本殿の規模は柱と柱の中心間の距離が七メートルである。三本ひとからめの柱を九本用いた独特の建築法による神殿は大社の独創性であり、極めて注目される点である。

　出雲国造千家《こくそうせんげ》家に古くから伝わる「金輪御造営指図《かなわのごぞうえいさしず》」は、三本ひとからめで、

▼三本ひとからめ　『易経』に「三から万物が生まれる」とある。また、パルメット文様や出雲国造百番舞の手草《たぐさ》を想起させる。関係するのであろうか。

▼宇豆柱　国立歴史民俗博物館の今村峯雄によるこの柱の^{14}C年代は、一二三〇±一五年という。この結果と大社の造営記録と符合するのは、一二二九（寛喜元）年の伐採、一二四八（宝治二）年の造営遷宮である。

▼心御柱　三本のうち最大のものは径一四〇センチ。他は一二五センチ。

柱口一丈（三メートル）からなる柱で建築された本殿の図である。本殿に取り付く階段である引橋の長さはなんと一町（一〇九メートル）とある。江戸時代に本《もと》居宣長《おりのりなが》▲が『玉勝間《たまかつま》』にこの図を紹介しているが、この図をめぐっては、図に表わされたような巨大な本殿が実在した、いや空想の図であり実際には存在しなかったと、長らく論争が続いていた。巨大柱の出現は指図にかかれた建物の実在を証明し、巨大な本殿が存在した証拠を示すものとなった。

九七〇（天禄元）年源為憲《ためのり》の著わした『口遊《くちずさみ》』▲には「雲太《うんた》・和二《わに》・京三《きょうさん》」とある。つまり、建物の大きい順に第一番目は出雲国の杵築大明神、二番目は大和国の東大寺大仏殿、三番目は平安京の大極殿というのである。東大寺大仏殿の高さが一五丈（四五メートル）。それよりも大きいというから一六丈（四八メートル）はあったと想像される。大社の言い伝えでは上古三二丈、中古一六丈であったという。一一九〇（建久元）年ごろ大社に参拝した寂蓮《じゃくれん》法師▲は『夫木《ふぼく》集』に「天雲たなびく山の半ばまで片削《そ》ぎの見えけるなん、この世の事とも覚えざりける」と記している。

大社造営の明らかな年記の記事は、『日本書紀』六五九（斉明五）年、斉明天皇

▼本居宣長　一七三〇〜一八〇一年。国学者。伊勢国松坂（三重県松阪市）の木綿問屋に生まれる。『古事記伝』などを著わした。

▼口遊　九七〇（天禄元）年源為憲が著わした、貴族の子弟に覚えやすいように編集した教科書。大社の本殿の高さ、一六丈＝四八メートルは伝承であって、根拠はないとの批判もある。

▼寂蓮法師　一一三九?〜一二〇二年。藤原定長のこと。鎌倉初期の歌人。後鳥羽上皇から歌の才能を高く評価された。『新古今和歌集』の撰者の一人に選ばれた。

が出雲国造に命じて神の宮を修厳《しゅうごん》▲させたとある。この宮については出雲東部の熊野大社であるとの見方もあるが、大方は杵築大社と理解されている。斉明天皇は朝鮮半島の新羅《しらぎ》と中国・唐の連合軍に対して、百済《くだら》を支援するために都の飛鳥から九州に軍を進め、六六一年に九州で崩御《ほうぎょ》している。大社修厳を命じたのはその二年前のことである。国家の緊急事態に直面した斉明天皇は、戦勝祈願のためこの神社の修厳を命じたのであろうか。

　大社の造営の様子は北島《きたじま》国造家文書「杵築大社造営遷宮旧記《くき》注進」などによって知ることができる。一一一〇(天仁三)年に稲佐《いなさ》浦に漂着した造営用の大木一〇〇本のなかには長さ一〇丈(三〇メートル)のものがあった。本殿の高さを推測する有力な手がかりである。一一四三(康治二)年七月二十六日には大社の裏山あたりの三前《みさき》山から造営材▲三五本を求めたとある。一一四四(天養元)年十月八日には柱堅《はしらだて》儀式が行なわれ、九本の丸太をからめて内柱三本をつくるとある。

　これまでの調査から、本殿は境内地を移動して建立されていることがわかった。記録に残る古代の本殿跡はどこに存在し、巨大神殿はいつ頃から建てられ始めたのであろうか。平安時代から鎌倉時代にかけて杵築大社が転倒する記録

▼**修厳**　改めて造らせたと、修理させたとの二つの解釈がある。神の宮を修《つく》り厳《よそわ》しむと読む(『日本古典文学大系』岩波書店)のに対して、厳《いかしき》神の宮を修《つく》ると読むべきとの考えがある(岡田精司「出雲神話の神々」新版『古代の日本』など)。

▼**造営材**　五尺木(径一・五メートル)三本、四尺木(径一・二メートル)一八本などとある。『風土記』には、神門郡の吉栗山は檜・杉があり、いわゆる所造天下大神の宮材を造る山である、とある。現在の出雲市佐田町の久利原《くりはら》山とみられる。

が見えるのは六回。およそ三〇～五〇年毎に転倒していることになる。

巨大神殿については、『古事記』国ゆずりの条にある天御舎《あめのみあらか》▲は「底津石根《そこついわね》に宮柱太《ふと》しり、高天原《たかまがはら》▲に氷木《ひぎ》高しりて」とある。『日本書紀』は天日隅宮《あめのひすみのみや》▲とし、「その宮を造る制は柱は則《すなわ》ち高く太く、板は則ち広く厚くせん」とある。また、『風土記』は杵築郷について、「八束水臣津野命の国引き給ひし後、所造天下大神の宮奉《たて》まつらむとして、諸《もろもろ》の皇神《すめがみ》等宮処《みやどころ》に参り集ひて杵築きたまひき。故、寸付《きづき》と云ふ」と記している。これらから、巨大神殿は奈良時代以前から存在していた、いや平安時代になって転倒の記録がある頃からだとする論争が続いているが、その答えは聖なる境内地に隠されている。

高層神殿▲について参考となるのは、鳥取県米子市淀江町稲吉角田《いなよしすみだ》遺跡出土の弥生中期の壺型土器である。土器には船、太陽、つるした銅鐸（推定）などの絵画とともに、長い階段のある高層建物が描かれている。同じ鳥取県湯梨浜町長《なが》瀬高浜《せたかはま》遺跡では古墳時代前期の神殿と考えられる建物跡が検出されている。

発掘調査によって、古墳時代初めの勾玉・臼玉《うすだま》などが出土したために、四世紀ごろすでに大社の地は神聖な場所と認識され祭祀が行なわれていること、豊

▼**天御舎**　大国主命の国ゆずりにともない、出雲国多芸志《たぎし》の小浜につくった宮殿。

▼**高天原**　神話において語られる天上の国で、アマテラス大神が支配した。

▼**天日隅宮**　タカミムスビの命がオオナムチの命（大国主命）の国譲りにあたり、その仕まいとして造った宮殿。

▼**高層神殿**　『風土記』には、神門郡高岸郷は所造天下大神の御子アジスキタカヒコが昼夜泣いてばかりいるので、高屋をつくって養育したところとある。現存最古の大社造り建築の松江市神魂《かもす》神社本殿（一五八三〈天正十一〉年再興）は高さ四丈＝一二メートル。

富な湧水のある場所であることが判明した。大社から東へ二〇〇メートルの命《いのち》主《ぬし》神社の背後の大岩近くから、弥生時代の銅戈とヒスイの勾玉が江戸時代に出土している。弥生時代にさかのぼる聖地といえそうだ。

現在の本殿は江戸時代の一七四四(延享元)年の造営である。千木《ちぎ》▲までの高さが八丈(二四メートル)で、その巨大さに驚嘆・感動するが、その二倍の高さともなると想像を絶する大きさである。巨大神殿の造営には卓越した技術力、指導力はもとより、膨大な労力、資材、巨額の経費を必要としたことはむろんのことで、出雲国一国が遂行できる事業ではなく国家的大事業であった。古代出雲大社の復元▲に挑んだ大林組のプロジェクトチームは、巨大柱の立柱はロクロによったと推測するほか、一日あたりの最大時作業員一〇〇〇人、総工期六年、延べ一二万六七〇〇人などと試算している。しかし、建築技術の謎はまだ抱えたままである。

▼**千木**　社殿の屋上や屋根の両端に交差する木。比木、氷木、片削ぎともいう。

▼**古代出雲大社の復元**　高さ一六丈の高層神殿はありえない高さではないとする、福山敏男の復元図をもとに研究された。

出雲の神々

『風土記』には神祇官の神名帳にのる神社が一八四カ所、のらない神社が二一五カ所ある。その数は合計で三九九カ所である。数多くの神々が出雲に鎮座している。出雲の郷の合計は六二郷、里一七九等であるからその多さがわかる。別格としての大神は杵築大神・熊野大神・佐太《さだ》大神・野城《のき》大神である。

神社は現在集落近くに移転鎮座している例が多いが、元の場所をたずねると、巨岩や窟などを対象とする信仰があったことがわかる。たとえば、スサノオとイナタヒメゆかりの雲南市大東町須賀《すが》に鎮座する須我《すが》神社の旧社地は人里離れた須賀山頂上近くにあり、巨岩がいくつか寄り添うように露出屹立《きつりつ》している。また、松江市宍道町の二つの岩からなる女夫《みょうと》岩においては古墳時代後期の須恵器片が出土しており、信仰対象の岩であったことを示唆している。雲南市三刀屋町飯石《いいし》神社や宍道町石宮《いしみや》神社は大岩を信仰対象としている社である。

ここではカミが籠《こ》もるといわれる神名火《かんなび》山と岩窟の例、そして琴板・琴を用いた祀りについてふれることにする。

『風土記』には宍道湖を取り囲むように四つの神名火山▲がのる。意宇郡の神名樋野、出雲郡の神名火山、秋鹿郡の神名火山、楯縫郡の神名樋山だ。いずれもある方角からみると円錐形の美しい山容をしている。このうち楯縫郡の神名樋

▼**四つの神名火山**　神の隠れこもる山。意宇郡は松江市山代町の茶臼山、出雲郡は出雲市斐川町の仏経山、秋鹿郡は松江市東長江町と松江市鹿島町境の朝日山、楯縫郡は出雲市多久町の大船山と考えられている。

山は『風土記』に「峰の西に石神がある。径《こみち》の側に小石神百余ばかりある(中略)いわゆる石神は滝の神である多伎都比古《たきつひこ》命の御魂《みたま》である。旱《ひでり》にあい雨乞いする時は必ず雨を降らせてくださる」とある。

出雲市多久町の大船《おおふな》山に登ると西に延びた尾根の頂上からすこし下がった位置に烏帽子《えぼし》岩と呼ぶ岩がある。これが『風土記』にかかれた峰の西の石神と考えられる。その下のほうに長ナメラの滝があり、水が枯れたことがないという。調査の結果、山の西側斜面にある小さな滝付近、北西側中腹の岩船《いわふね》と呼ばれる巨岩付近、烏帽子岩の下方の滝近くの三カ所から、古墳時代前期や中期後半から後期初頭、後期の土師器・甕片などが数点採集されている。古墳時代前期からすでに水に関わる祭祀が行なわれ、人々の信仰の対象となっていたことがわかる。

島根半島の松江市島根町加賀《かか》に、潜戸《くけど》と新潜戸▲と呼ぶ洞窟がある。子どもを亡くした親が参詣する潜戸が良く知られているが、『風土記』は新潜戸について「加賀神埼、即ち窟《いわや》がある。東西北に穴がつながっている。いわゆる佐太大神のお生まれになったところだ」とある。洞窟は穴が三方からつながっており、

▼新潜戸　神潜戸の意味。

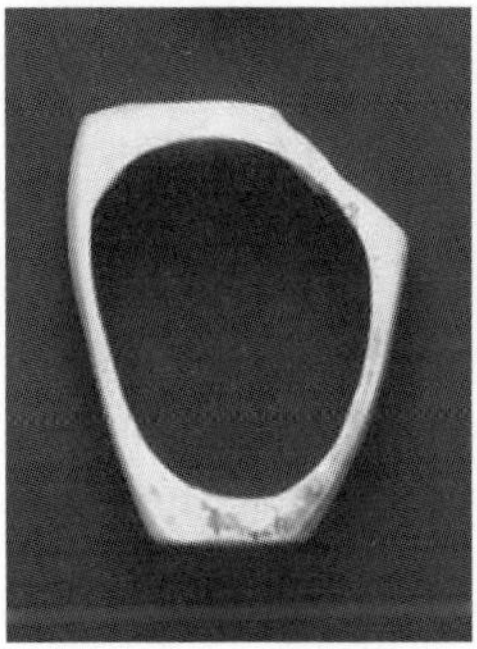
●―猪目洞窟　左は洞窟出土の南海産ゴホウラ貝製腕飾り。

船で通り抜けができる。東方には的島があり、中央に貫通する穴があいており、新潜戸の穴から見通すことができ、自然のつくる不思議な景観となっている。

これに対して『風土記』の出雲郡宇賀郷に「磯より西のほうに窟戸《いわやど》がある。高さ広さは各六尺許《ばかり》である。窟の内に穴がある。人の出入りができないので、深さ浅さはわからない。夢にこの磯のあたりに行き着いたものは必ず死ぬ。それで、俗人《くにびと》は古《いにしえ》から今に至るまで黄泉《よみ》の坂、黄泉の穴と呼んでいる」とある。

この黄泉の穴の推定地は出雲市猪目《いのめ》町の猪目洞窟と考えられている。一九四八(昭和二十三)年、猪目漁港整備にともない洞窟内に堆積した土砂を運び出したところ、多くの遺物が発見された。このため発掘調査が行なわれ、弥生時代のゴホウラ貝製の腕輪をした人骨、土器、木製容器、古墳時代の船材で覆いをした埋葬人骨、木器などが出土した。洞窟内に船材を棺として使用した埋葬例は、古墳時代後期の千葉県館山市沼《ぬま》の海食洞窟などに例があり、海洋を舞台にした人たちの習俗のようである。

加賀の神埼は神の誕生、宇賀郷の黄泉の穴は黄泉の世界のことが記されており、『風土記』のかかれた頃の誕生と死後の観念を知る上で興味深いものがある。

琴板・琴の祀り

飯石郡の琴引《ことびき》山▲について『風土記』は、古老の伝えによれば、この山の峰に窟がある。裏《うち》に所造天下大神《あめのしたつくらししおおかみ》の御琴がある。また、石神がある。それで琴引山という、と記述する。頂上付近に二つの巨岩がそそり立ち、琴弾山神社が鎮座する。中腹に大神《おおがみ》岩があり、そのなかにある板状の石は、大神の御琴と伝える。『古事記』神代の巻に天の沼琴のことがのるが、琴▲を祭器とし神意を問うて国つくりがされたと想像される。古代中国においては地域を治める最高指導者が、山上に聖なる器をおいて国見《くにみ》をする儀礼を行なったことが知られる。琴引山はあるいはそうした場所であったかもしれない。

　琴に関しては、出雲での祀りのようすを想像させる次のような出土例がある。出雲市姫原西《ひめばらにし》遺跡ではわが国希有《けう》の弩形《どがた》木製品や漆塗りの鋤《すき》、朱塗りの木盾、琴板など数多くの木製品が出土している。漆塗りの鋤の存在は平常の農耕用に用いるものではなく、祭祀儀式用のものと考えられる。琴板は、箱形をした杉材製側板の一枚で、日月の形をしたくり抜き文様と九本の線、さらに何かの形を表わすため糸を通した跡かと思われる列点の文様がある。時期は弥生時代後

▼**琴引山**　飯石《いいし》郡飯南《いいなん》町にある標高一〇一三メートルの山。弥山とも呼ばれる。この山の烏帽子岩は『風土記』にのる石神とみられる。

▼**琴**　『古事記』には大国主命が須佐之男命から逃げるとき大刀、弓とともに琴を持ちだす。琴は霊力・呪力などをもつ祭具・宝器であったと考えられる。『播磨国風土記』には揖保郡琴坂について、景行天皇の御世に出雲国の人がこの坂で一休みした。その時老人とその女子《むすめ》が田を作っていたので、この女を感動させて心を引こうとして琴をひいて聞かせた、とある。

●姫原西遺跡出土の琴板

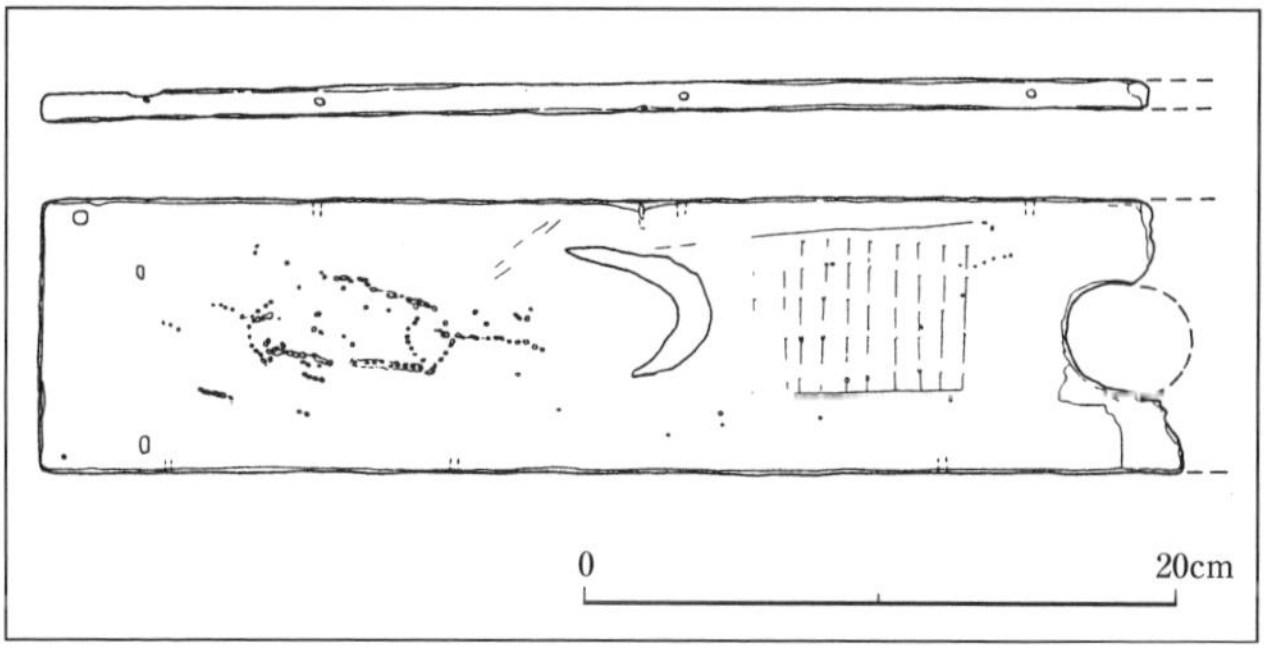

▼ササラ　ササラコとすりあわせて調子をとるのにつかうもの。

期末頃で、四隅突出型墳丘墓のつくられた時代と重なる時期である。姫原西遺跡出土のような日月の形をくりぬいた琴板の出土例は、鳥取市青谷上寺地《あおやかみじち》遺跡の弥生中期の例がある。日月を表わすと理解すると、陰陽思想が当時すでに招来されていたことになる。山陰以外の他地域では未検出であり注目される。

琴板は現在、出雲大社の古伝新嘗祭《しんじょうさい》、熊野大社の亀太夫神事後の百番舞、神魂《かもす》神社の古伝新嘗祭の百番舞において使用され、神人による奏楽の際に、棒状の桴《ばち》で叩きながら単調なリズムを発している。神魂神社でつかわれる琴板は日月の形を彫りぬいたものであり、姫原西遺跡出土琴板の伝統を思わせる。

松江市八雲町前田遺跡では数多くの土器、農具・祭具などの木製品・木の実に混じって古墳時代の琴が二点みつかっている。一つは五弦の共鳴槽のある杉材を用いた、わが国では最大の部類に入る大きさだ。もう一つは琴の断片である。地表下に埋没した小河川の川岸にそって自然石が貼り並べられた部分があり、琴はそこでみとめられた。編み台の目盛り板、製塩土器・食器、ベンガラの塗られた木製頭椎大刀《かぶつちのたち》の柄、木鏃・ササラ▲(推定)・勾玉・切子玉・土鈴・手づくね土器、臼玉の入った須恵器壺、火きり臼《うす》、火を受けた木製品、赤色顔料

●──前田遺跡出土の琴　長さ一六〇センチ。

のついた土師器高坏、竈《かまど》・甑《こしき》、桃の種四〇九個、ヒョウタン・トチノミ・クルミなどが一緒に出土している。調査者によると、これらは意図的に投棄されたと考えられるという。桃は邪気を払うものとの考えがあり、祭祀にあたって供えられたものであろう。

川辺でみつかった須恵器・子持壺の子壺一つは、五〇〇メートル東に離れた増福寺《ぞうふくじ》二〇号墳に副葬された親壺と同一の品であった。子持壺は大部分が古墳に副葬され、その後一部が川辺に廃棄されたとみられる。前田遺跡の場合、古墳時代前期から後期後半にわたるが、出土品が特に多いのは六世紀末〜七世紀初頭であり、この時期を最後にここで長い間続いた祭祀が終わる。

出雲国分寺跡の北に位置するオノ峠遺跡では、奈良時代の板つくりの琴に用いられた琴柱《ことじ》が二点出土している。遺物はこのほかに土鈴・鏡形土製模造品・小形手づくね土器・小型土製支脚《しきゃく》・火きり臼・土馬、数多くの桃の種などである。琴を用いた祀りが行なわれていたことを知ることができる。

③—山陰道の要衝・出雲国府

出雲国府跡の調査

　出雲国は山陰道にあって対外的に要衝の国である。出雲国府は中央政府による出雲国支配の中心として、国司を派遣し出雲国九郡の統治をする役所である。『風土記』に「国庁、意宇郡家《おうぐうけ》の北にある十字街《ちまた》に至り」「黒田駅《うまや》、郡家と同じ所なり」「意宇軍団は即ち意宇郡家に属《つ》けり」とあるので出雲国庁▲に近接して、意宇郡家・黒田駅・意宇軍団がおかれていた。

　出雲国府跡は、長い間その所在がはっきりしなかった。一九五三（昭和二十八）年、朝山皓《あきら》は松江市大草《おおくさ》町集落の西端を国府と想定した。その後一九六二年、郷土史家恩田清は、松江市大草町字竹ノ後（館の後）が、一六〇二（慶長七）年などの「大草村検地帳▲」に「こくてう」とあることを発見し、この場所を出雲国庁跡と推定した。

　これをもとに松江市教育委員会は一九六八年から三年次にわたり発掘調査を実施した。二年次までの調査で大溝や建物跡などの遺構や多量の土器などが検

▼**国庁**　国府の儀式的な場で中枢部をなすのが政庁、その周囲の役所群を含めた広がりを国庁、さらにその周囲の都の京に相当する市街区が国府。

▼**大草村検地帳**　一五七九（天正七）年の「六所神社領坪差出帳」や、寛文年間（一六六一〜七三）のものがある。

▼国府総社　一国の総社で、国府のそばに置かれ、国司着任儀礼などが行なわれた。

▼意宇評衙　国郡制（七〇一年）以前は国評制。意宇評の役所（山中敏史『古代地方官衙遺跡の研究』）。

出され、ほぼ出雲国庁の跡との確信が得られた。しかし、儀式などを行なう政庁跡は検出できないでいた。調査三年次目のある日、奈良国立文化財研究所部長坪井清足と恩田清は二人で六所《ろくしょ》神社拝殿の階段に腰をおろして思案していたところ、ふと六所神社が国府総社▲であることにきづいた。神社周辺こそ政庁跡ではないかと思い、六所神社脇を発掘してみようということになった。調査したところ、案の定四面に庇《ひさし》をもつ四間×五間の掘立柱建物が検出され政庁跡の場所が特定できたという。出雲国府の証拠は地名が鍵であった。

奈良・平安時代の建物跡、溝などの遺構を検討したところ、遺構には七世紀後半から九世紀まで六時期の変遷があることがわかった。最古期の建物跡は七世紀後半代にさかのぼり、意宇評衙《ひょうが》▲の可能性が指摘されている。この建物方位は磁北に近いが、次の時期からは建物方位が真北を向く。もっとも整う時期は八世紀後半ごろと考えられている。遺構は幅三メートルの大溝に囲まれた中の南半分に正殿など政庁区画をとり、北半分には柵や小溝で区画された中に、文書作成など日常の行政事務を行なう曹司《そうし》と呼ばれる建物数棟を配置していたと推測される。

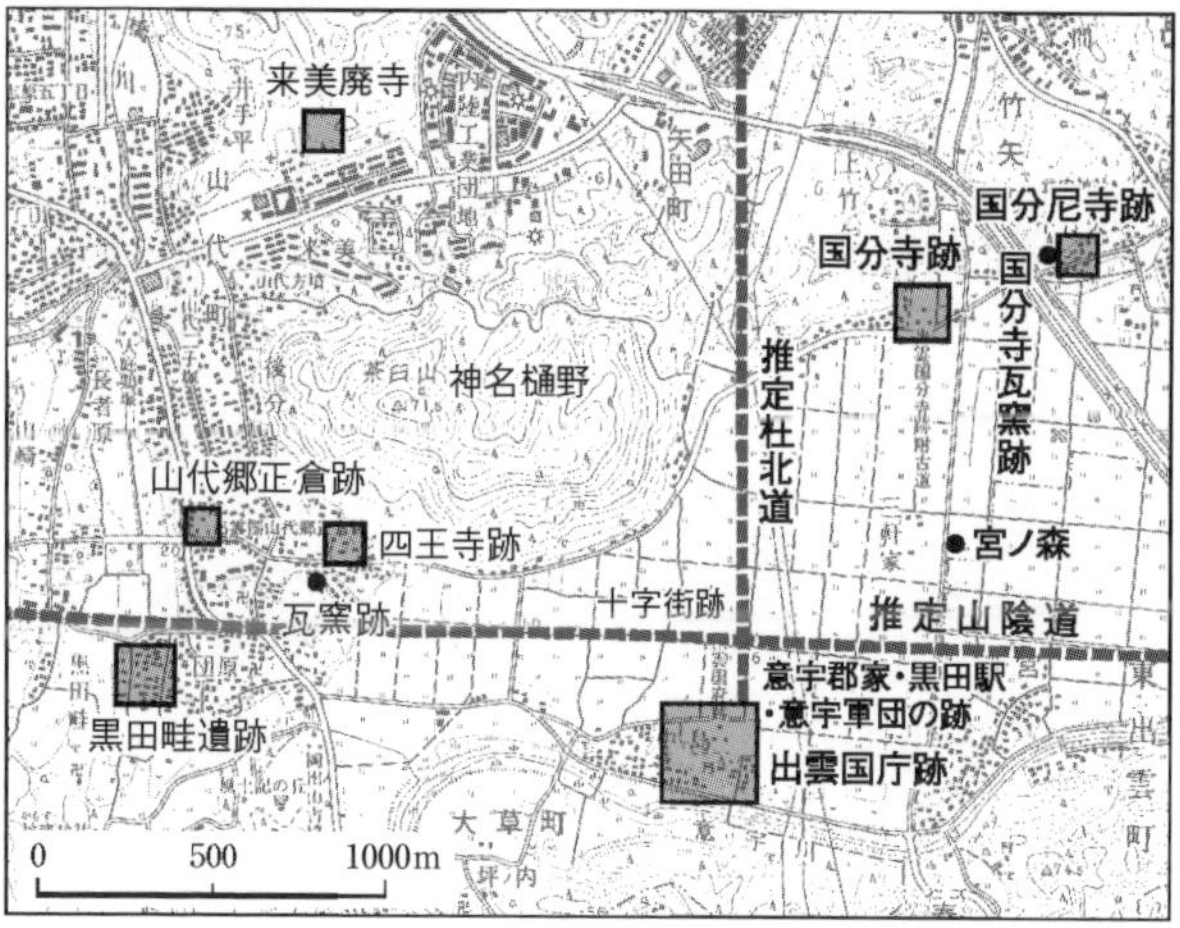

●—出雲国府跡周辺の遺跡

●—出雲国府跡出土の土器(八世紀前半)

●—出雲国府跡建物遺構　政庁跡の北一〇〇メートルから発見された大型建物跡(二〇〇一年調査区)。国司館跡と推定。

調査以前に銅印「春」が発見されていたが、発掘調査によって大量の須恵器、土師器などの食器類、「二百代」「大原評□磯部安□」「進上兵士財□□」などの木簡、「驛《うまや》」「國厨《くにのくりや》」「酒坏」「少目」「法」「浄」「出厨」などの墨書土器、「由」「社邊《こそべ》」などのヘラ書き土器、硯《すずり》・分銅《ふんどう》・和銅開珎《かいちん》（銀銭）・瓦・玉類、玉磨き砥石などが出土した。大原評《おおはらのこおり》の存在は、七〇一（大宝元）年の大宝令施行による郡制に先立つ評制を示し、評制の段階に出雲国府が存在したものと解釈される。墨書土器の「法」「浄」は出雲国府に国師をおいて大般若経《だいはんにゃきょう》の転読をした可能性を示している。「地」を表わす則天文字《そくてんもじ》「埊」もあり、唐文化の影響を見出すことができる。

一九九九（平成十一）年度から島根県教育委員会が三〇年ぶりに出雲国府跡の発掘調査を始め、一三年間実施した。政庁跡と推定された場所から北へ一〇〇メートルの大舎原《おおじゃら》地区から、五棟以上の建物跡、溝、土坑などを検出している。四面に庇《ひさし》のある大型建物跡が、三三メートル離れて東西対称に各一棟ある。この建物跡は身舎《もや》の部分は礎石建ち、庇の部分は掘立柱建ちという建物構造である。このような建物は地方の官衙《かんが》では今のところ発見例がなく、宮都でのみ認められている。この二棟の建物の間に、掘立柱建物跡や門の跡が検出されてい

▼**二百代**　代は土地の面積の単位。

▼**少目**　国司の四等官である目には大目と少目があった。

▼**出厨**　出雲郡の厨をあらわすとみられ、国府の中に出雲郡の事務所が置かれていたことを思わせる。

▼**墨書土器**　出雲国府からは文字資料が一八〇点。出雲の遺跡からは六〇遺跡、九〇〇点が見つかっている（平石充「島根県の出土文字資料」）。中国地方で最多。

▼**則天文字**　唐の則天武后（六二四?～七〇五年・在位六九〇～七〇五年）が制定した文字。

▼**大型建物跡**　礎石は径六〇センチの円形の柱座。庇の柱穴は径三〇～五〇センチある。

▼**掘立柱建物跡**　柱は径四〇センチのクリ材を使用している。

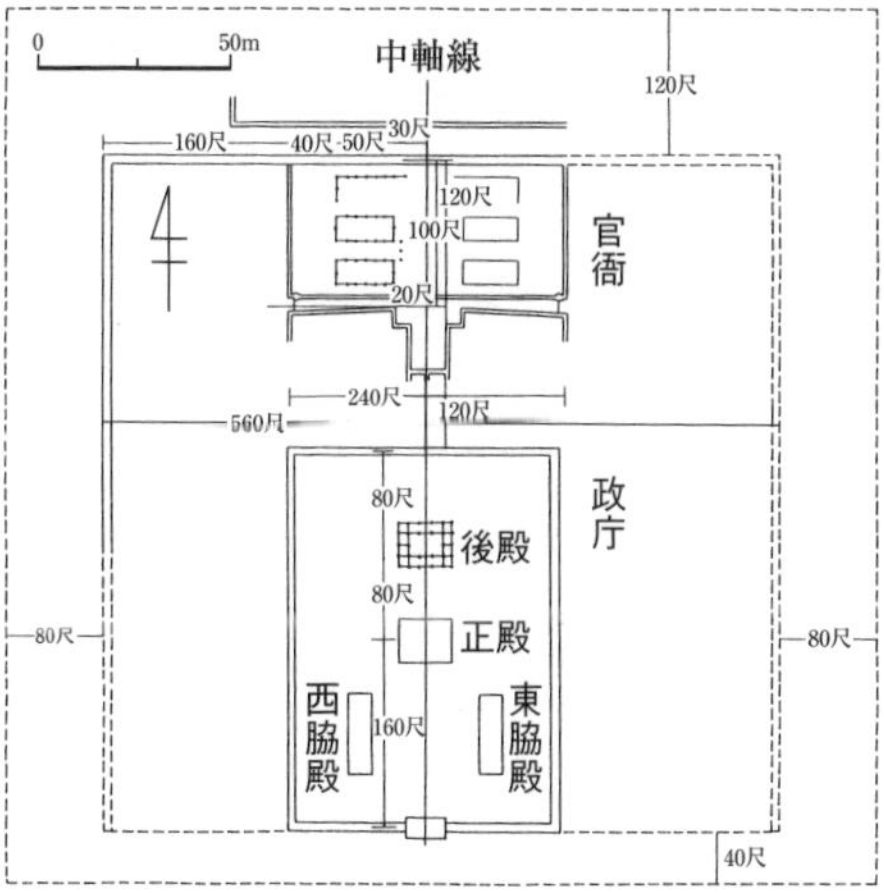

●―出雲国庁の推定復元図　桑原公徳『歴史景観の復原』より。

●―出雲国庁跡出土の墨書土器

●―出雲国風土記地図

る。これらの建物は四方に庇のある建物がつくられる以前に建っていたものである。掘立柱建物から礎石建物へと建て替えられ、建物配置には規格性があり、「介《すけ》」などの出土から国司の館跡と推測されている。

東の四面に庇のある建物の傍で見つかった井戸は、八世紀後半に祀りをして埋められていた。井戸の下層から「東殿出雲積大山《いずものつみおおやま》、伊福部大《いほきべのおお》」と書かれた木簡、「郡」「井」の墨書土器、「有」のヘラ書土器、鹿の頭骨・かご・斉串《いぐし》・刀形形代《かたしろ》・曲物《まげもの》・須恵器などが、上層から「意宇」という墨書土器が見つかった。東殿は建物の名称である。出雲積▲や伊福部は人名で、出雲国府か意宇郡家に勤務した人の名前であろうか。正倉院にのこる七三九(天平十一)年の「出雲国大税賑給歴名《たいぜいしんごうれきめい》帳《ちょう》▲」の出雲郡や神門郡の郷に名がみえる。ほかに文書箱や「可勝九寸▲」などの文字が書かれた漆紙《うるしがみ》文書▲、「館」の墨書土器も出土している。漆紙文書は中四国以西では大宰府《だざいふ》についで二例目である。碧玉の原石やその破片、水晶片のほか羽《は》口《ぐち》、るつぼも出土しており、玉作や鍛冶・ガラス工房の存在を示している。

出雲国府の範囲は確認されていない。周囲の水田には条里地割▲の跡を良く残した畦畔が残る。出雲国庁跡の南北中軸線を中心に考えると、西二里離れた南

▼**出雲積**　加藤義成は出雲の見守り人＝首長の家柄をあらわす名で、出雲郡神名火山(仏経山)あたりの古地名、岐比佐《きいさ》の首長・岐比佐都美《つみ》が出雲積→出雲→出雲臣と変遷したとする。

▼**大税賑給歴名帳**　貧しい人などの救済のため、正税を給付された人たちの名簿。

▼**可勝九寸**　九寸に相当するという意味。

▼**漆紙文書**　漆を入れた容器を文字のかかれた紙で蓋をしたために、漆が付着して残った文書。

▼出雲国府の条理地割　方位は真北よりも少し東にずれる。

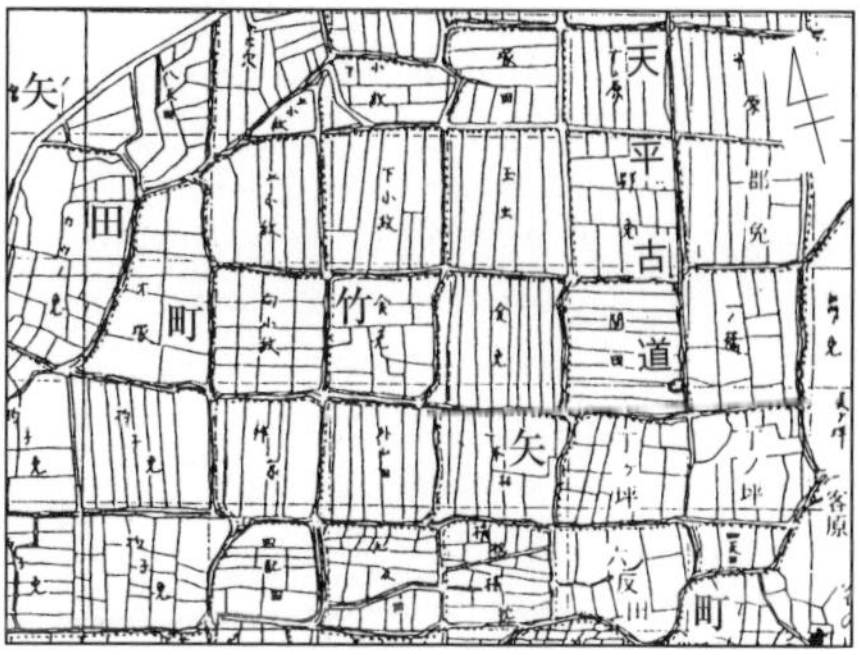

▼上国　国は大国・上国・中国・下国の四等級に分けられた。

▼石川年足　六八八〜七六二年。蘇我牟羅志《むらじ》の曾孫。国分寺造営のため諸国に派遣された。藤原仲麻呂政権の中枢で活躍。墓誌(国宝)が江戸時代、大阪府高槻市から発見されている。

北線上に二カ所の山代郷新造院《しんぞう》(四王寺跡と来美廃寺)が位置し、それより西一里の位置に山代郷正倉群がある。国庁から東一里離れた線上に出雲国分寺が位置する。出雲国分尼寺は国分寺の東四町の位置につくられている。これに直交する東西線は松江市大草町と山代町との町境であり、推定山陰道である。国府周辺の役所や新造院、寺院は計画的な配置のもとにつくられた可能性がある。

出雲国は上国▲に位置づけられ、国司の定員は守《かみ》・介《すけ》・掾《じょう》・目《さかん》各一人であった。六八五(天武十四)年出雲の国司検察のため、山陰道使者巨勢粟持《こせのあわもち》一行が派遣されている。しかし、当時の出雲国司の名はわからない。記録の上で最初の国守は、『続日本紀』によれば七〇八(和銅元)年の忌部子首《いんべのこおびと》である。子首は六七二年壬申《じんしん》の乱の際、大海人《おおあま》皇子(後の天武天皇)方に属し荒田尾赤麻呂《あらたおのあかまろ》とともに飛鳥古京を守衛した戦功者である。壬申の乱からは実に三五年以上経っている。出雲は超ベテランの国守を迎えたのである。

以後、平安時代末まで記録に見える国守は八六人である。このうち奈良時代の国守は二五人を数えることができる。出雲国守在任中に善政をほめられ、大《だ》宰帥《ざいのそち》(長官)、神祇伯《じんぎはく》(長官)、御史大夫《ぎょしたいふ》を歴任した石川年足《としたり》▲、陸奥国守の時、黄金を献上した百済敬福《くだらのけいふく》、長屋王の子・山背王《やましろ》、天武天皇の孫の智努王《ちぬ》・大市王《おおち》兄弟、平城天皇に寵愛された薬子《くすこ》の兄・藤原仲成《なかなり》などが知られる。出雲国守をつとめた後、都に帰り大蔵・治部・刑部など各省の長官を歴任し、最高の地位大納言《だいなごん》となり、長寿で活躍した人もいる反面、奈良時代の政権抗争に巻き込まれた者もいる。

『万葉集』には出雲国司の歌がいくつか収められている。

飫宇《おう》の海の河原の千鳥汝《な》が鳴けば吾《わ》が佐保川の思ほゆらくに　門部王《かどべのおおきみ》

飫宇の海の潮干《しおひ》の潟の片思に思ひや行かむ道の長手《ながて》を　門部王

大君の命かしこみ於保《おほ》の浦をそがひに見つつ都へ上る　安宿奈杼麻呂《あすかのなどまろ》

意宇郡家は国庁に隣接しておかれ、前代以来の地元出雲の有力者を郡司としておいた。郡司には長官である大領のほか少領・主政・主帳がいた。大領は出雲国造の出雲臣氏であった。奈良時代の出雲国造は果安《はたやす》、廣嶋《ひろしま》、弟山《おとやま》、益方《ますかた》、国上《くにかみ》、国成《くになり》、人長《ひとなが》の七人の名が知られ、出雲国守歴任者などを通じた中央政界との緊密な交流があったと思われる。

出雲国府跡の西方、標高二十数メートルの団原《だんばら》台地には、新造院跡のほか山

●—奈良時代の出雲国守一覧

	年	氏名	国守時の官位・経歴
1	708(和銅元)	忌部子首《いんべのこおびと》	正五位下・壬申の乱で戦功・『日本書紀』を執筆。伊勢奉幣使・従四位上。
2	716(霊亀２)	船 秦勝《ふなのはたかつ》	正五位下・因幡守・造雑物法用司。
3	719(養老３)	息長臣足《おきながおみたり》	従五位下・按察使・724年汚職により解任。
4	735(天平７)	石川年足《いしかわとしたり》	従五位下・伊勢奉幣使・神祇伯兼兵部卿・中納言正三位。
5	743(天平15)	多治比国人《たじひのくにひと》	従五位下・播磨守・摂津大夫・遠江守・橘奈良麻呂の乱で伊豆に配流。
6	(天平年中)	門部《かどべ》王	『万葉集』に歌が載る。
7	750(天平勝宝２)	百済孝 忠《くだらのこうちゅう》	従四位下・遠江守・大宰大弐。
8	754(天平勝宝６)	阿倍綱麻呂《あべのつなまろ》	従五位下。
9	756(天平勝宝８)	大伴古慈斐《おおとものこじひ》	従四位上・大学頭・大和守・従三位・大伴吹負の孫。
10	756(天平勝宝８)	山背《やましろ》王	従四位下・長屋王の子・参議・従三位。
11	757(天平宝字元)	百済敬福《くだらのけいふく》	従三位・(百済国王の家系)陸奥守の時黄金献上・讃岐守・刑部卿。
12	758(天平宝字２)	文室智努《ふんやのちぬ》	従三位・天武天皇の孫・神祇伯・大納言従二位。
13	760(天平宝字４)	文室大市《おおち》	正四位上・智努の弟・治部卿・大納言従二位。
14	766(天平神護２)	大伴御依《おおとものみより》	正五位上・従四位下。
15	769(神護景雲３)	布勢人主《ふせひとぬし》	従五位上・第10回遣唐使。
16	770(宝亀元)	大 伴 駿河麻呂《おおとものするがまろ》	従五位上・陸奥国鎮守将軍・参議・従三位。
17	772(宝亀３)	豊野奄智《とよのあんち》	正五位上・図書頭・摂津大夫・中務大輔。
18	776(宝亀７)	多治比長野《たじひのながの》	正五位上・伊勢守・刑部卿・近江守・兵部卿・参議・従三位。
19	777(宝亀８)	藤原小黒麻呂《こくろまろ》	従四位下・伊勢守。
20	777(宝亀８)	田中多太麻呂《たなかのおおたまろ》	正四位下・鎮守将軍・美濃守・右大弁。
21	778(宝亀９)	当麻永継《たぎまのながつぐ》	従五位上・土佐守・刑部大輔・『続日本紀』を編集。
22	781(天応元)	石川豊人《いしかわとよひと》	従四位下・春宮大夫・中宮大夫・武蔵守・大蔵卿。
23	785(延暦４)	多治比年主《たじひのとしぬし》	従五位上・摂津亮・木工頭・大蔵大輔。
24	788(延暦７)	紀兄原《きのえはら》	従五位下。
25	792(延暦11)	藤原仲成《なかなり》	従五位下・常陸守・大蔵卿・伊勢守・薬子の兄・810年射殺される。

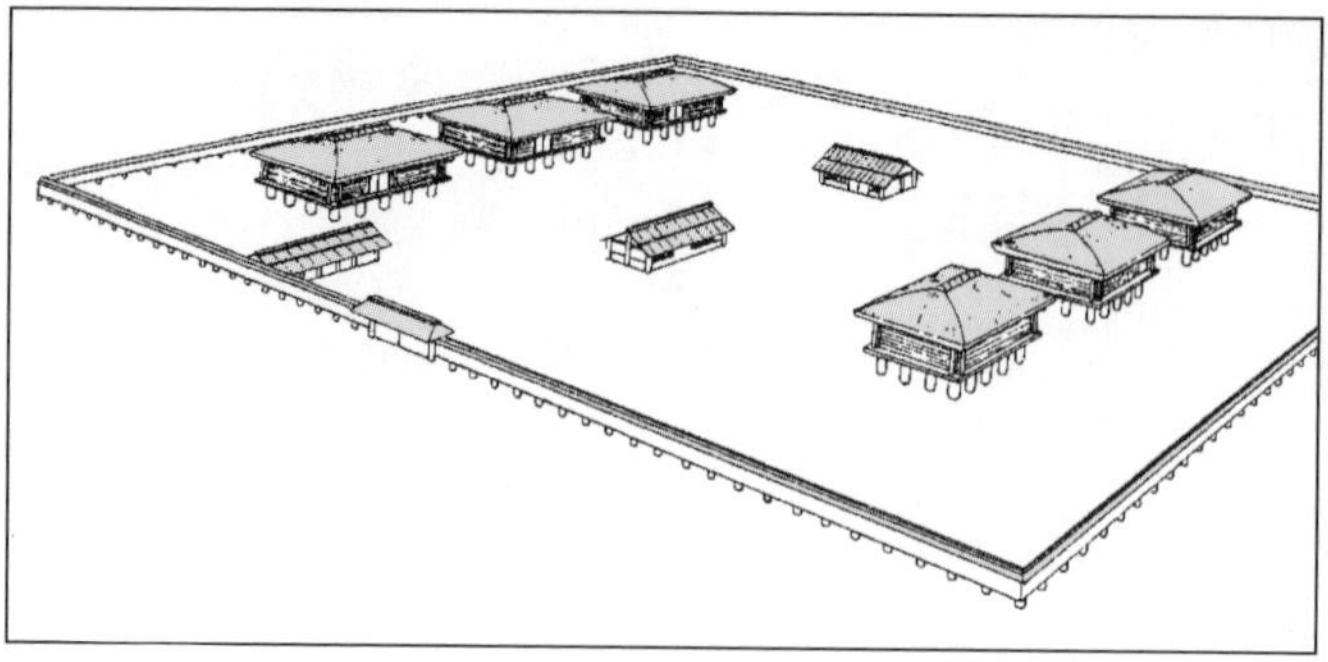

▼**山代郷の正倉跡群**　松江市大庭町字内屋敷・植松に所在。左図は想像復元図(永瀬優理原図)。

代郷の正倉跡群▲や建物跡群等が確認されている。山代郷は『風土記』に「意宇郡家の西北三里一百二十歩(一八一八メートル)にある。所造天下大神大穴持命の御子《みこ》山代日子命が鎮座しておられる。それで山代という。即ち正倉がある」と記されている。松江市大庭町字内屋敷で見つかった建物の時期は八世紀を中心とするもの、九世紀代のもの、九世紀後半〜十世紀のものの三時期である。八世紀のものは正倉跡三棟が棟を南北方向に向け、一直線に並んで見つかった。正倉は大形の柱穴を掘って径六〇センチの柱を据え、柱の周囲は土を版築《はんちく》状に突き固めていた。周囲には火災にあったために炭化米が多量に認められた。これらの正倉跡群に付属して管理棟があり、さらに西側にも稲穀を収めた数棟の正倉が並ぶと推測される。

倉庫令には「およそ倉は皆高く燥《かわ》けるところに置け。側に池渠《みぞ》を開け。倉を去ること五十丈の内に、館舎を置くことを得ず」とある。山代郷正倉跡群の東側の谷にはかつて池尻池があった。まさに倉庫令の規定に合うつくりである。稲穀の輸送には中海につながる意宇川や馬橋川が利用されたのであろう。

正倉群が壊された後、同じ場所に細長い役所の建物が建てられていた。正倉

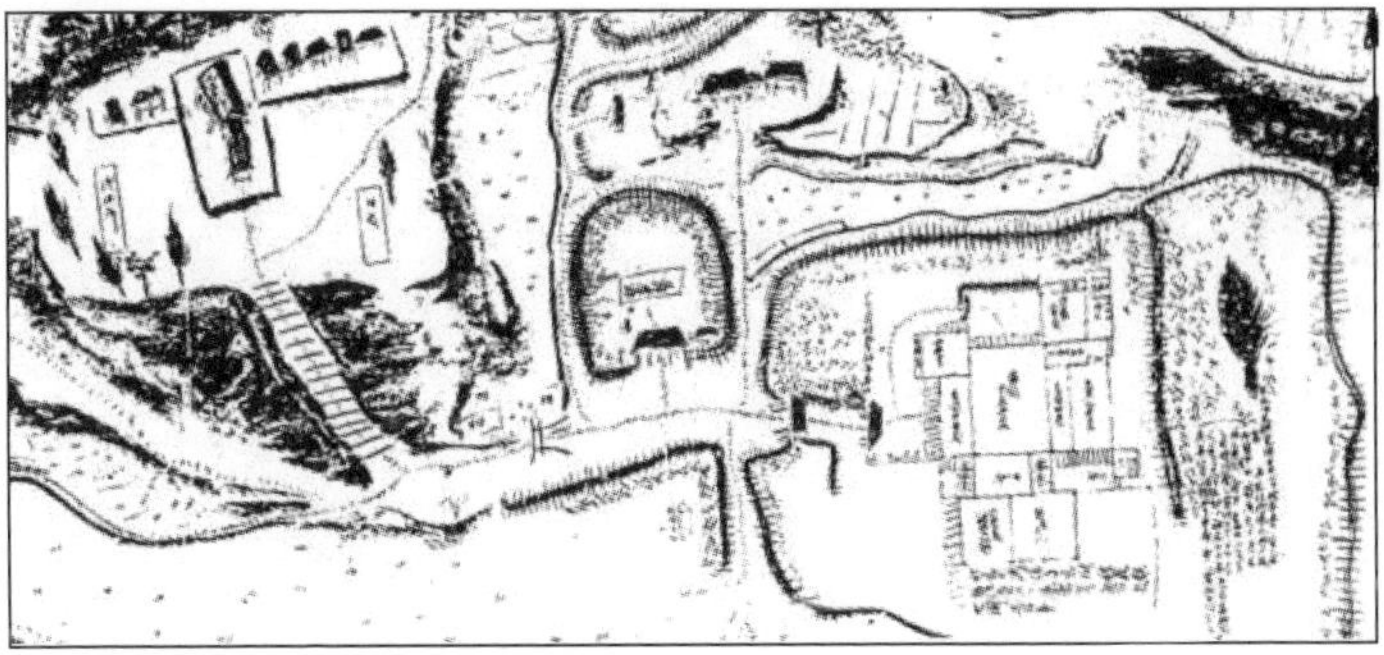

●—神魂社古図　左上にみえるのが神魂神社。

跡群の南側の下黒田《しもくろだ》遺跡では、掘立柱建物跡群や陸橋のある幅三メートルの東西方向の溝が検出されている。その東、黒田館跡では中世の土塁をともなう館跡の下層に八世紀代の建物遺構が認められている。してみると、山代郷正倉跡、下黒田遺跡、黒田館跡は互いに近接しており、一連の遺跡であろう。出雲国府と同所にあった意宇郡家とは場所が離れるが、山代郷の正倉群は意宇郡家の管理下にある付属施設と見てよいと思われる。なお、付近の団原という地名は意宇軍団と関係する地名であろう。

出雲国造は朝廷から特別に、神郡《しんぐん》である意宇郡大領と連任することを認められていた。古代の出雲国造館の所在は出雲古代史上の大きな課題であるが、明らかになっていない。

出雲市大社町北島国造家に伝わる「神魂《かもす》社古図」には、松江市大庭町黒田畦《くろだうね》に土塁・垣に囲まれた大きな屋敷が描かれている。この場所は現存する日本最古の大社造りとして知られる神魂神社の参道付近にあたる。出雲国造が意宇郡大領との兼務を禁止された平安初期以降、出雲大社に館を移したといわれ、このあたりに明治時代初期までは千家、北島両国造家の宿館があった。神魂神社は出雲国造の火継《ひつぎ》式が行なわれた社である。周辺には高天《たかま》社跡、浄音寺、国造家の墓所などがあり、中世の面影▲を色濃く残している。また、黒田畦・神主屋敷・中西等の遺跡からは奈良時代〜平安・鎌倉時代頃の掘立柱建物跡や溝、土坑などが検出されている。遺物には軒丸瓦、須恵器・土師器、玉類、「云石《いいし》（飯石）」の墨書土器のほか青磁・土師質土器などがある。

出雲国の郡役所

奈良時代、出雲国には意宇《おう》・島根・秋鹿《あいか》・楯縫《たてぬい》・出雲・神門《かんど》・仁多《にた》・飯石《いいし》・大原《おおはら》の九郡が置かれていた。郡の中で意宇郡の広さは傑出した存在である。平安時代になると意宇郡は分割され、能義《のぎ》郡ができたので一〇郡となった。

郡家跡や関連の役所跡などの様子をみてみよう。

『風土記』に「出雲大河（斐伊川）から西へ七里二十五歩（三・七八六キロメートル）のところに神門郡家がある。即ち河（神戸川）がある。渡り二十五歩（四四・五メートル）で渡船がひとつ」とある。神門郡は西出雲に勢威をもった神門臣氏の本拠である。郡家に隣接して狭結駅《さようのうまや》もあった。神門郡家跡は神戸川の東岸に位置

▼**中世の面影**　出雲国府には十世紀以降、国衙支配の変化や在庁官人制の成立にともない、公文所・田所・税所《さいしょ》などの官衙や倉庫群、在庁官人の屋敷などがおかれた。中世の出雲府中には留守所・田所・税所・案主《あんず》所などの官衙、細工所・官人屋敷・市場・津（宇船底は船所か）、惣社・国分寺・イザナギ社・イザナミ社・安国寺・平浜八幡宮などがあった（『島根県の地名』平凡社）。

▼古志本郷遺跡　出雲市古志町に所在する遺跡。

▼郡庁　郡役所の中心建物。福岡県小郡市小郡に所在する、筑後国御原《みはら》郡衙と推定される小郡遺跡とよく似た遺構配置である。

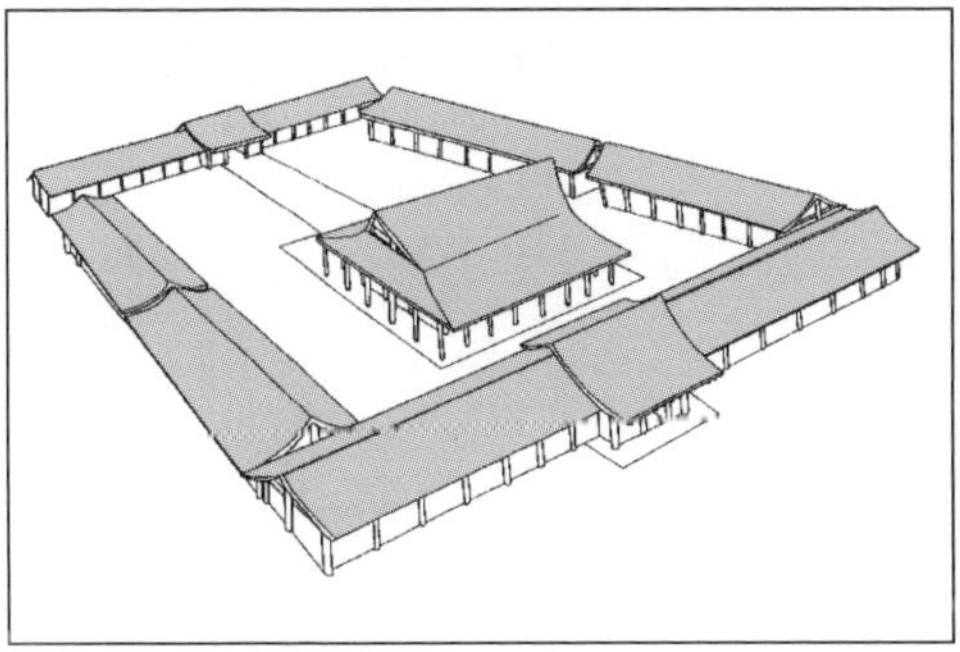

●――神門郡家の郡庁推定復元図　裏門側から望む(松尾充晶原図)。

する天神《てんじん》遺跡と考えられていた。倉庫と推測される総柱掘立柱建物跡の存在や溝、墨書土器の「旱天」の出土などは官衙遺構にふさわしいとの見方からであった。しかし、古志橋の西岸側に広がる古志本郷《こしほんごう》遺跡▲を発掘調査したところ、郡家跡が検出された。

建物は新旧の二時期ある。古い時期の建物は柱間隔が三メートルと大きい二棟の掘立柱建物である。郡家の中心建物である郡庁▲の一部分であろう。この建物は、八世紀中頃に建物・溝が東西方向に向きをそろえて建て替えられる。溝は東西四〇メートル以上の方形に区画され、溝の内側には柱列が認められるので塀があったと推測される。北側の溝はとぎれているのでこの場所は門と考えられる。郡庁のほかに掘立柱建物・倉庫・鍛冶工房などがみつかっている。

郡家以前の建物遺構も認められており、郡家以前の豪族居館があった可能性も推測される。出土遺物は、墨書土器の「若」、ヘラ書き土器の「稲」、円面硯《えんめんけん》・緑釉陶器、役人がつけていた腰帯の金具などである。全貌は明らかではないが、出雲国の九郡のうちで郡庁跡の明らかな例である。この郡家の場所は神戸川の河口に近い位置にあり、日本海とつながり、水運上便利がいい。

●—古志本郷遺跡(神門郡家跡)周辺の遺跡

●—古志本郷遺跡(神門郡家跡)

●—松本遺跡　江戸時代の道の下にあらわれた古代の山陰道。

この遺跡の東、二・二キロメートルに位置する三田谷《さんただに》Ⅰ遺跡▲では、六世紀後半以降や七世紀末以降などの平地式建物七棟、倉庫一一棟等が見つかっている。神門郡の東の地域を管轄する性格の役所跡と考えられている。「麻奈井《まない》▲」「出雲積豊□」「三田」「□宅」「邑」などの墨書土器、「大止乃《おおとの》▲」のヘラ書き土器、「高岸神《たかぎしかん》門《ど》」「八野郷神門米□」「高岸三上部茂」「鬼急々如律令」「右依大調進上件人　感寶元年閏五月廿一日酒主」とかかれた木簡や封緘《ふうかん》木簡▲が出土している。「三田」「□宅」はミタ、ミヤケを意味すると考えられる。

近くの地名に半分《はんぶ》即ち伴部があり、『風土記』神門郡日置《へき》郷条の欽明天皇(五三一年即位)の時、日置伴部《ともべ》らが遣《つかわ》されとどまりて政《まつりごと》をした、という記述に照らすと、ヤマト王権のミヤケと関わりがあるようだ。

出雲郡出雲郷は出雲の原郷といわれ、『風土記』に「即ち郡家に属《つ》けり」とあり、出雲郡家のおかれた郷である。出雲市斐川町出西《しゅっさい》の後谷《うしろだに》Ⅴ遺跡では三カ所の調査区から倉庫建物跡が検出されている。一区では水田下、深さ一〜一・五メートルにおいて、カシやケヤキ材を用いた総柱の掘立柱建物や総柱礎石建物など四棟が検出されている。礎石は六〇〜一五〇センチの巨大なものだ。礎石の

▼**三田谷Ⅰ遺跡**　出雲市上塩冶町に所在。斐伊川放水路建設にともなって発掘調査された。

▼**麻奈井**　真名井と同義語と思われる。

▼**大止乃**　貴人の邸宅を尊敬していう語。

▼**封緘木簡**　重要な文書を途中で開けてみられないように工夫した木簡。

下から掘立柱の柱根が出土しているので、建て替えがあったことがわかる。掘立柱建物は八世紀前半代、礎石建物は八世紀後半〜九世紀代と見られ、炭化米や「□□〔二瓦カ〕倉」と墨書された須恵器や転用硯が出土している。南に四八メートル離れた調査区では東西向きの総柱の礎石建物が、さらに東一二〇メートルの調査区では細長い、低い床張構造の礎石建物跡(倉庫)が見つかっている。

　長者原《ちょうじゃばら》の地名が存在したり、近くの稲城《いなぎ》遺跡では呪符《じゅふ》木簡や瓦片が出土するが、郡家跡の確かな証拠はまだ明らかでない。『風土記』に「神門郡の堺なる出雲大河の辺に通うは二里六十歩」とある。斐伊川岸から一・一キロメートルの位置が出雲郡家の跡であるから、後谷V遺跡からそう離れない所に郡庁があるのであろう。

　島根郡家は出雲国と隠岐国との連絡上重要な役割を担った郡家である。島根郡家跡は松江市の北東郊外、松江市福原町芝原《しばはら》遺跡が推定地である。圃場整備にともないこの遺跡の調査がされ、数多くの掘立柱建物跡群や大きな土坑内から「出雲家《やけ》」「家」「校尉《こうい》」などの墨書土器、須恵器・土師器などが出土している。出雲家は『風土記』に島根郡司主帳に出雲臣とあり、出雲臣と関係するのであろ

●大型円面硯　カネツキ免遺跡出土。

うか。校尉は二〇〇人の兵を統率する軍団の指揮官である。島根郡は日本海岸に瀬崎戍《せざきのまもり》がおかれ、かつ出雲国府にもっとも近い布自枳美烽《ふじきみのとぶひ》も設けられ、防備上重要な場所であったからそれらに関係するのであろう。

『風土記』にある、布自枳美高山《ふじきみのたかやま》(嵩山《だけさん》)、女岳山、毛志山(澄水《しんじ》山)の距離から、逆に島根郡家の地点を求めると、芝原遺跡はほぼ郡家の場所に合致する。建物遺構群から芝原遺跡を豪族居館とする見方もあるが、その場合郡庁は近くにあったと考えられる。

斐伊川中流域の雲南市やさらに南の仁多郡や飯石郡あたりは奥出雲と呼ばれている。出雲の平野部に比べると冬季は多くの積雪がある。仁多・飯石両郡から山を越えると山陽側だ。

仁多郡家は、『風土記』に三処郷《みところ》に所在するとし、仁多郡奥出雲町大字郡《こおり》という地名から、ここが郡家と推定されてきた。奥出雲町大字郡の小さな谷に立地するカネツキ免《めん》遺跡では、稀有な大形の円面硯、転用硯、差し棒のついた木製人形、「上備」「大」「大小」などの墨書土器、各種の須恵器、製塩土器、木器などが出土している。大型の硯《すずり》や人形などは祭祀具である。仁多郡の三沢《みさわ》郷は出雲国造が神賀詞《かんよごと》▲奏上のため朝廷に向かう時、この郷の御津《みつ》の湧き水で浄めの用い初《ぞ》めをされたとしている。三沢郷とは距離があるが、郡家の所在する三処郷でも、清浄な水をもちいた祭儀が行なわれたことを思わせる。カネツキ免遺跡の東方に所在する芝原遺跡からは墨書土器の「厨」、鍛冶跡などが検出されている。付近に大領《だいりょう》神社があり、仁多郡家との関連が想定される。

　大原郡家について、『風土記』は、「大原の由来は郡家の東北約五、六キロメートルに、田が一〇町ばかりあって平原となっている、それで名を大原という、昔はここに郡家があった、今なおもとのまま大原と呼んでいる、今、郡家の場所は名を斐伊村という」と郡家が移転したことを記している。もとの郡家▲は発掘調査の結果、雲南市大東町仁和寺《にんなじ》の郡垣《こおりがき》遺跡と推定されている。移転後の郡家の所在は雲南市木次《きすき》町里方《さとがた》あたりが推定地である。

　飯石郡の郡家は多禰《たね》郷にあった。注目されるのは、飯石郡飯南町志津見《しつみ》字岡の門《かど》遺跡である。この遺跡からは縄文時代の墓、弥生時代の住居跡、七世紀の古墳とともに、七〜八世紀の約二〇棟の竪穴建物跡群や倉庫を含む六棟の掘立柱建物跡群が検出されている。いくつかの竪穴建物跡からは、鉄塊や鍛造剝片《たんぞうはくへん》

▼**神賀詞**　出雲国造が天皇に奏上した祝詞。

▼**もとの郡家**　内田律雄は「郡家の東北」を正西と解し、雲南市三刀屋町と同木次町にまたがる下熊谷あたりと考えている。

といった鉄生産に関係するものや製塩土器が認められている。さらに、その上流の森遺跡では奈良時代の竪穴建物跡や掘立柱建物跡あわせて一〇棟余りが発見されている。この二つの遺跡は飯石郡志都美径《しつみのこみち》に設置された臨時の剗《せき》▲跡ではないかとの見解がある。

出雲国と都を結ぶ駅路

都周辺と地方の国々は五畿七道と呼ばれ、都と各国々は駅路で結ばれた。都と大宰府間の山陽道は大路、東海道・東山道は中路、山陰道・北陸道・南海道・西海道は小路であった。各道には駅家▲がおかれ、駅長室、駅子のたまり場、休憩宿泊施設、台所、厩《うまや》、井戸、倉庫、駅門などがあった。「筑後国検交替使帳」には「駅館一院　四面築垣、鳥居一基」とある。駅家には大路二〇匹、中路一〇匹、小路五匹の馬が常備されていた。

出雲国の場合、『延喜式』に京との行程は上り一五日、下り八日(『和名抄』は下り九日)とある。『風土記』に駅路は次のようにのる。「出雲国の東堺、伯耆国境から西に野城《のき》駅そして黒田《くろだ》駅に至る。ここでわかれて二つの道となる。一つは

▼**剗**　国境に防御柵を設けて、見張りや尋問・検査などをする場所。

▼**駅家**　駅家跡の調査例は兵庫県たつの市小犬丸遺跡(山陽道播磨国布勢駅)、鳥取県湯梨浜町泊石脇第三遺跡(山陰道伯耆国笏賀《くつが》駅)、兵庫県朝来市山東町柴遺跡(山陰道但馬国粟鹿駅)などがある。

●出雲国の駅路

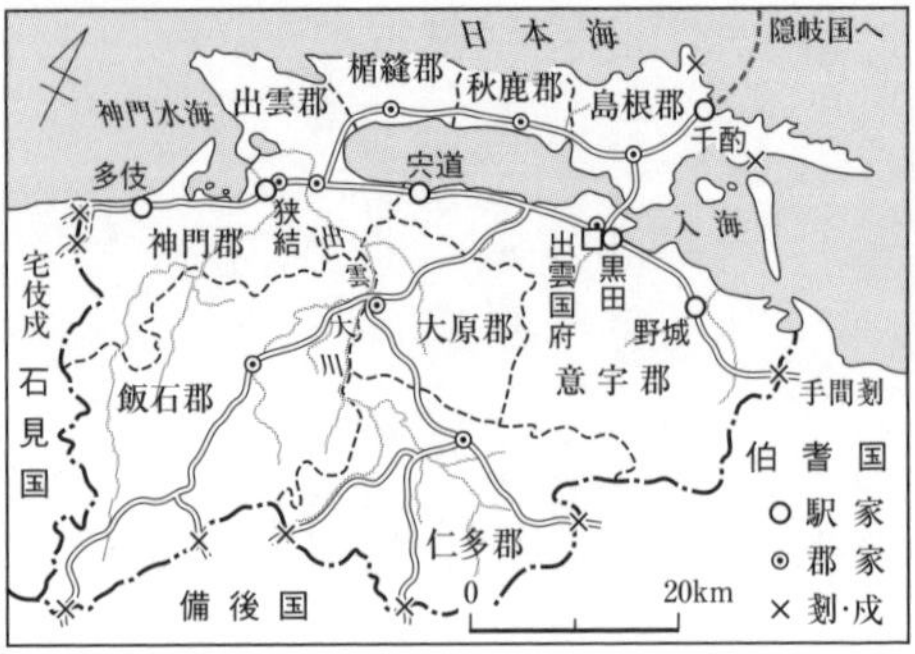

▼余剰帯　一町区画の水田と水田の間にみられる細長い土地区画。

正西道、もう一つは隠岐への杠北道《きたにまがれるみち》である。杠北道を行くと、隠岐への渡しである千酌《ちくみ》駅にいたる。正西道は宍道駅に至ったのち狭結《さよう》駅、多伎《たき》駅を通って出雲国と石見国との境に至る。」東から西に向かって順に記述するのが特徴だ。これは京を起点にしているためであり、現在の国道も同じ表わし方である。

出雲国府・意宇郡家などとともにあった黒田駅の北には山陰道と北の島根郡や隠岐国へ連絡する杠北道の交差点、十字街《ちまた》があった。意宇郡は「入海の南にして国の廓《ほそどの》なり」とあり、出雲国の往来の中心であったことを表わしている。駅についての説明で注目される点がある。黒田駅はもとは意宇郡家の西北二里の黒田村にあった、今は東に移転したがもとの名称のままである、と記される。国府整備にともなって移転したことを示すのであろう。

出雲国駅路の道筋についてはすでに歴史地理学からの調査研究があり、幅の広い直線的道路であったと指摘されている。古代道路の場所は、江戸時代の絵図や明治時代の道路水路図、地名などが手がかりである。一八二一(文政四)年の「出雲国十郡絵図」には出雲国内の道路の様子がくわしく描かれており、参考になる。また、出雲国府跡地内には条里地割の中に細長い帯状の余剰帯▲や、町境に小字地名の縄手添《なわてぞい》・唐路《とうろ》などがみられ、古代道路の存在がわかる。

古代山陰道の発掘調査例は、松江市の勝負谷遺跡や松本遺跡である。松本遺跡では江戸時代の道路の下層に、古代の山陰道が確認された。丘陵の斜面部分を加工した幅約一〇メートルの道路である。「出雲国十郡絵図」にてらしてみると、出雲国府跡からほぼ一直線に延びた道路上にあたる。この道路上の村境には点々と歳《さえ》ノ神《かみ》が存在する。

出雲国の駅家跡は未確認である。野城駅と多伎駅は、『和名抄』では能義郷、多伎郷となっており、平安時代になって駅が郷に発展したことを物語る。出雲国の駅路には野城橋・野代橋・来待《きまち》橋の三つの橋がかかっていた。野城橋は長さが九〇メートル余と幅が八メートルであるのが注目され、駅路の幅▲を知るうえで参考となる。また、駅路には渡しがあった。出雲河(斐伊川)、神門河(神戸川)、朝酌《あさくみ》渡はそれぞれ渡船が一つおかれて連絡していた。

駅馬を利用する場合には駅鈴▲を下付され、駅馬につけて往来した。『日本書紀』に、六八五(天武十四)年九月、巨勢粟持《こせのあわもち》が山陰使者となり、国司、郡司及び百姓の消息を巡察したとあり、駅馬に乗り往来した姿を想像させる。国司が都

▼**駅路の幅**　奈良盆地の下ツ道は幅一六メートル。山陽道の場合、幅一〇〜一二メートル。九世紀中〜後半には幅は五〜六メートルと狭くなる。西海道は幅九メートル。

▼**駅鈴**　飛駅使や各種公文書を運ぶ駅使などは公用の際、駅鈴をもって往来した。島根県隠岐郡隠岐の島町下西の億岐家には駅鈴二個が伝わる。

▼**四度使**　朝集使、大帳使、税帳使、貢調使のこと。

▼**佐比**　鋤のこと。

に往復する場合をはじめ、中央から地方への命令文書あるいは地方から中央への報告書を携えた使者(四度使《よどのつかい》▲)もあった。

駅路のほかに『風土記』は、出雲国内の各郡家間を連絡する交通路網の伝馬路と、郡家から放射状にのびる交通路の伝路があったことを記している。十字街から西へ一九里(一〇・一キロメートル)の場所に玉作街《たまつくりのちまた》があった。出湯のあるところは海陸を兼ね、男も女も老いも若きも道路をゆきかっている。日々人が集まり、市場ができ、にぎやかに宴《うたげ》をし遊んでいる、と『風土記』は記す。

後に出雲街道と呼ばれる中国山地越えで津山・姫路を通り山陽道に通ずる道などは、郷単位で選ばれ税を都に届ける担夫《たんぷ》や都で労役に従事する役夫《えきふ》たちも往来したと思われる。『播磨国風土記』は揖保《いぼ》郡佐比岡《さいのおか》の由来について、「出雲の大神が神尾山におられた。この神は出雲国の人でここを通りすぎるものがあると十人のうち五人を留め、五人のうち三人を留めた。そこで出雲国の人たちは佐比▲を作ってこの岡に祭った」(吉野裕『風土記』)とあり、参考になる。駅路、伝馬路などには休憩所・宿泊所・市場などもあったであろう。出雲と伯耆や石見などとの国境には警備のため剗《せき》、戍《まもり》がおかれていた。

緊急時の連絡には烽《とぶひ》▲がつかわれた。『風土記』には馬見《まみ》・土椋《とくら》・多夫志《たぶし》・布自《ふじ》枳美《きみ》・暑垣《あつがき》の五カ所の烽▲がのる。出雲国庁跡の北正面に嵩山《だけさん》がみえ、国庁との間の連絡は布自枳美烽であったと考えられる。

烽火は昼は煙、夜は火を焚いての合図であったであろう。出雲の烽跡の発掘調査例はないが布自枳美烽や多夫志烽の推定地では、須恵器片が採集されている。

▼**烽**　烽火による緊急の連絡網。栃木県宇都宮市の飛山城跡では「烽家」と墨書する土器が出土し、烽跡と推定されている。

▼**五カ所の烽**　馬見＝出雲市大社町浜山(四一メートル)、土椋＝出雲市稗原町大袋山(三五九・四メートル)、多夫志＝出雲市国富町旅伏山(四五八メートル)、布自枳美＝松江市上東川津町嵩山(二九七・八メートル)、暑垣＝安来市田頼町車山(二〇七・八メートル)が推定地。

④—仏教の広まりと風土記時代の人々の営み

わが国最初の寺院は蘇我氏が建立した飛鳥寺《あすか》（法興寺）である。五八八（崇峻八）年造営に着手し、五九四（推古二）年に塔が完成する。推古女帝のときである。その後仏教▲は急速に広まり、六八〇（天武九）年には京に二四カ寺、六九二（持統六）年には全国で五四五カ寺を数えるまでになっている。

▼**仏教**　わが国への仏教伝来は五三八年などの説がある。百済の聖明王は仏像や経典を欽明天皇に贈っている。

教昊寺と新造院

出雲の寺院創建は、畿内や山陰の因幡・伯耆などより遅れて七世紀後葉頃に始まる。『風土記』によれば、出雲国には教昊寺《きょうこう》と一〇カ所の新造院《しんぞう》があった。九郡のうち五郡に寺院があり、創建者は郡司や地域の有力者であった。

『風土記』に記載された寺院の中で唯一寺号をもつ教昊寺は、意宇郡舎人《とね》郷にある。散位大初位下上《かみ》蝮《たじひの》首《おびと》押猪《おしい》の祖父である教昊という僧が創建し、五層塔が建っている、と記される。教昊寺に比定されている安来市野方《のかた》廃寺は、塔心礎が残り、今は小さい祠の神蔵《しんぞう》神社の台石となっている。一部発掘調査が実施され建物跡が検出されたが、伽藍の配置は明らかとなっていない。

●—『出雲国風土記』所載の新造院と創建者

	郡	郷	寺院名	建物	僧の有無	創建者
1	意宇郡	舎人郷	教昊寺	五層塔	僧有り	教昊僧　散位大初位下上蝮首押猪之祖父
2		山代郷	新造院	厳　堂	僧無し	日置君目烈　出雲神戸日置君鹿麻呂之祖
3		山代郷	新造院	厳　堂	僧一人	飯石郡少領出雲臣弟山
4		山国郷	新造院	三層塔		山国郷人日置部根緒
5	楯縫郡	沼田郷	新造院	厳　堂		大領出雲臣太田
6	出雲郡	河内郷	新造院	厳　堂		旧大領日置臣布禰　今大領佐底麿之祖父
7	神門郡	朝山郷	新造院	厳　堂		神門臣等
8		古志郷	新造院	厳　堂		刑部臣等
9	大原郡	斐伊郷	新造院	厳　堂	僧五人	大領勝部臣虫麻呂
10		屋裏郷	新造院	層　塔	僧一人	前少領額田部臣押嶋　今少領伊去美《いこみ》之従父兄
11		斐伊郷	新造院	厳　堂	尼二人	斐伊郷人樋伊支知麻呂

●—来美《くるみ》廃寺(山代郷北新造院)の金堂跡

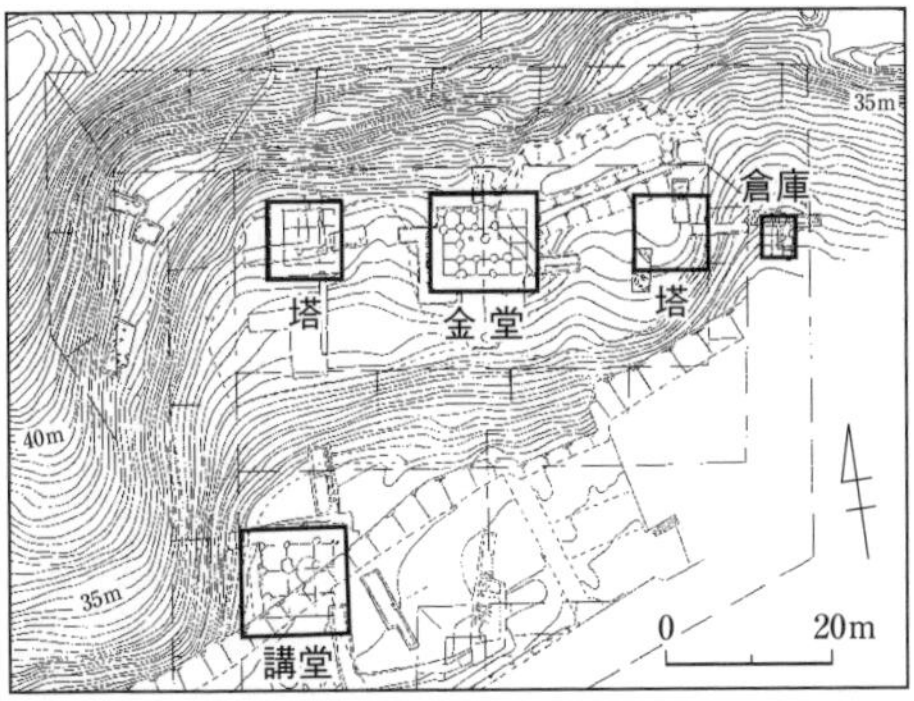

●—来美廃寺の建物配置

この廃寺の瓦は、彩色壁画が発見されたことで著名な鳥取県米子《よなご》市上淀《かみよど》廃寺系の単弁一一葉蓮華文軒丸瓦である。この系譜をもつ瓦は新羅系と見られており、出雲では出雲市斐川町稲城《いなぎ》遺跡、奥出雲町高田廃寺、その他の地域では因幡国分寺跡、隠岐国分寺跡などで検出されており、分布が限られる。軒平瓦は奈良・大官大寺《だいかんだい》と同系の瓦が出土しており、宮都の寺院の影響も受けている。

新造院の性格については、①建立後間がないのでまだ正式の名称がついていない寺院、②寺院併合令によって整理統合された寺院、③新羅の駅院制にならった無料宿泊施設の布施屋《ふせや》、などの説がある。いずれにしても院と呼ばれ、僧が常住する例が多いから、垣に囲まれた中に厳堂(本堂)など数棟の建物あるいは塔をもつ宗教施設であったと推測される。

意宇郡山代郷には新造院が二カ所あった。一カ所は「意宇郡家の西北、四里二百歩(二・四九五キロメートル)にある。厳堂が建っているが僧はいない。出雲神戸《かんべ》の日置君鹿麻呂《へきのきみ》の祖《おや》である日置君目烈《めづら》が造った」とある。この新造院は松江市矢田町の来美《くるみ》廃寺である。日置氏は出雲国の有力氏族で、出雲国内に三カ所の新造院を建立している。

　発掘調査によって、南向きの丘陵斜面を寺地として二段に造成し、高い段の中央に金堂、その東と西に塔、東塔の東に倉庫、下の低い段に講堂と考えられる建物があったことが確認された。金堂は瓦葺き礎石建物で、本尊仏と両側に脇侍《わきじ》仏をおいた地方寺院では例のない石造の立派な須弥壇《しゅみだん》がおかれている。南側には階段、幡《ばん》を立てた柱跡や灯籠跡が検出された。多量の瓦、土器のほか塑《そ》像《ぞう》仏▲の螺髪《らほつ》、水晶玉、石製の相輪《そうりん》、青銅製の風鐸《ふうたく》等が出土している。

　瓦は軒丸瓦・軒平瓦・鴟尾《しび》・鬼瓦等が出土している。単弁八葉唐草文の軒丸瓦は、山口県長門市深川《ふかわ》廃寺から出土した瓦に似ているところから深川廃寺系瓦と呼ばれるが、深川廃寺の瓦は唐草文が反転しない簡略化されたもので、形式的には後出のものと理解され、むしろ山代郷新造院系と称するのがふさわしい。軒平瓦は重弧文、均整唐草文など。鴟尾は鱗状《うろこじょう》文様がヘラ描きされており、朝鮮半島の高句麗《こうくり》系とみられている。このような鴟尾は斉尾《さいのお》廃寺・上淀廃寺・大寺《おおてら》廃寺など山陰の寺院にのみ使われている。鴟尾に文字をヘラ書き▲するほか、「酒長兄」とヘラ書きする瓦もある。七世紀後葉ごろの創建と考えられる。

　他の一カ所は意宇郡家の西北二里（一〇六九メートル）の所に厳堂が建立され、

▼**塑像仏**　粘土でつくった仏像。

▼**鴟尾に文字をヘラ書き**　「□〔善カ〕病仕奉□」、「弟世方女　艮」。

●――**来美廃寺出土の文字瓦**（酒長兄）

▼石積み基壇　基壇が金堂跡との推定は、花谷浩による。

●——四王寺跡出土の素弁四葉文瓦

常住の僧は一人、飯石郡少領の出雲臣弟山《おとやま》が創建したもの、と記す。『風土記』編纂当時の国造は出雲臣廣嶋であったが、後の七四六(天平十八)年に弟山が廣嶋の跡を継いで出雲国造となる。廣嶋の後継者の弟山が創建しているのは、仏教受容に対する国造廣嶋との相違を反映しているのであろうか。

　この新造院は松江市山代町字師王寺の四王《しわ》寺跡と考えられる。八六七(貞観九)年新羅との緊張関係に対応するため、出雲・石見・隠岐など山陰道五国に朝廷から八幅対《はっぷくつい》の四天王像各組が下され、春秋二回の修法を命じられた寺の一つとみられる。金堂跡と推定される石積み基壇▲や柱跡、溝、瓦溜《だ》まりが確認され、塑像仏の螺髪、土器、瓦が出土している。

　軒丸瓦は四類、軒平瓦は五類に分類される。素弁四葉文《そべんよんようもん》の軒丸瓦は朝鮮民主主義人民共和国平壌《ピョンヤン》付近出土の瓦と似ており、高句麗系の瓦である。この瓦は宍道湖北岸の松江市常楽寺《じょうらくじ》瓦窯跡から出土しており、湖上輸送されたものと見られる。軒平瓦は新羅系で、唐草文が外区から中心飾りに向いてのびる。この寺院の瓦をつくった窯跡は近くの小無田《こむた》Ⅱ遺跡からも三基検出されている。山代郷には出雲最大の六世紀中ごろの山代二子塚古墳や七世紀初めごろの山代

▼日本霊異記　平安時代初期の仏教説話集。

●—来美廃寺出土の瓦　新羅の影響をうけている。

方墳が築かれており、こうした背景が寺院建立に反映したと考えられる。

出雲郡河内《かわち》郷新造院と推測される出雲市斐川町天寺平《てんじびら》廃寺は、丘陵頂上部に位置する出雲国では稀な立地の寺院である。来美廃寺と同系の単弁八葉唐草文瓦が出土し、およそ五〇メートル四方の平坦地の南に塔跡、北に金堂跡が並ぶ配置である。

古志郷新造院は神門寺境内《かんどじけいだい》廃寺と考えられる。神門寺庫裡《くり》の裏手にある礎石は版築された造成土に据えられており、原位置のままである。この寺の瓦はいわゆる水切り瓦である。この瓦は『日本霊異記《りょういき》』▲記載の三谷寺に比定されている広島県三次市寺町《てらまち》廃寺など備後や備中の古代寺院に系譜をもつ瓦で、瀬戸内との関係を色濃くうかがわせ、出雲東部の寺院とは瓦の系譜が異なる。神門寺境内廃寺は七世紀後葉ごろの創建と考えられる。

朝山郷新造院と考えられている長者原廃寺の軒丸瓦は、韓国慶州《キョンジュ》付近出土の単複弁文様の瓦と似ている。

新造院の中にあって注目されるのは、大原郡斐伊郷の新造院である。この郷の二カ所の新造院はそれぞれ僧五人と尼僧二人がおり、出雲国内では僧を多く抱える傑出した存在である。位置は、一つはJR木次駅構内にあった木次廃寺が比定地で、現在、礎石が移転保存されている。もう一カ所は所在が明らかでない。田中禎昭は七二六(神亀三)年、出雲国造出雲臣氏の采女《うねめ》▲をやめて代わりに大原郡司勝部臣が采女をだしたことに着目し、この頃出雲の実力者に大きな変化があったと指摘している。斐伊川中流域に、朝廷と強い関係を結ぶ、実力をもった郡司が台頭したことを意味している。飯石郡少領出雲臣弟山も関与している可能性がある。奈良・東大寺西院の調査において「出雲大原郡司勝部□〔智カ〕麻呂」という木簡が出土しており、大仏鋳造に助力した大原郡司の姿を表わしている。なお、『風土記』は大原郡家が移転したことを記しているが、この移転は新しい動向に呼応したものであろう。

楯縫郡沼田郷新造院は出雲市西々郷《さいさいごう》廃寺が推定寺院である。新羅系の唐草文のある塼《せん》が出土している。出雲の瓦は高句麗系や新羅系が主流である点に特色がある。

『風土記』に記載されていない古代寺院▲は八カ所確認されている。

なお、出雲市鰐淵《がくえん》寺所蔵の銅造観世音菩薩立像は台座の框《かまち》部分に「壬辰《じんしん》年五

▼采女　後宮の女官。郡の少領以上の家族から選ばれ奉仕(田中禎昭「出雲と大原——古代の大原郷」)。

▼古代寺院　仁多郡奥出雲町高田廃寺は礎石が残り、大領神社に出土瓦が保管されている。伯耆国との境、安来市伯太町関・長台寺境内廃寺では塔心礎が出土している。火葬墓は出雲の場合、十数カ所。安来市・松江市・出雲市において発見されている。出雲市の小坂古墳は横穴式石室に石櫃を追葬し、光明寺三号墓は石積み墳丘の中に石櫃を納める。

月出雲国若倭部臣徳太理《わかやまとべのおみとこたり》が父母の為に菩薩を作り奉った」とある。少年のようなあどけなさを残す仏像で、新羅仏の特色を備えている。壬辰年は六九二(持統六)年、若倭部臣は出雲郡郡司主帳に無位若倭部臣とみえるなど、出雲郡の氏族と考えられる。

出雲国分寺

国分寺は、七四一(天平十三)年、聖武天皇の勅願によって国ごとに建立された寺院で、僧寺の定員は僧二〇人、尼寺は尼僧一〇人とされた。

出雲国分寺跡は国府跡の東北一・三キロメートルの位置にあり、国府からは鬼門の方位にあたる。創建時期は七五〇年代と推測され、廃絶時期は出土遺物からおおよそ鎌倉時代頃であろうか。江戸時代(一六五三年)の『懐橘談《かいきつだん》』▲には「竹《ちく》屋《や》と云所に昔国分寺在《あり》と語れども今は礎石のみにて其《そ》の形なし」とある。

一九五五・五六(昭和三十・三十一)年の石田茂作らの調査と一九七〇・七一年の島根県教育委員会による発掘調査によって、南門・中門・金堂・講堂・僧坊が南北一直線にならぶ伽藍《がらん》配置が確認された。回廊が中門から講堂へつき、

▼『懐橘談』 黒沢石斉が出雲国中を廻って見聞記録した地誌。

▼**礎石**　柱を置いた礎石の柱座径は七八〜七〇センチ。

▼**国分寺の中軸線**　北側延長線上にはオノ峠遺跡の大型掘立柱建物跡、大橋川の塩楯島がある。

●**出雲国分寺跡出土の軒瓦**

塔は南門と中門の中間あたりの東方に位置するという東大寺式伽藍配置である。金堂は大規模で、造り出しがつく大きく立派な礎石▲が使用されている。その後の松江市教育委員会による発掘調査で、主要伽藍の東側にさらに門があったこともわかった。寺の範囲は確定していない。国分寺の中軸線▲上には、南門から南へ幅六メートルの道が平野中央部にある三軒家の集落まで延びている。

出土遺物には各種の瓦をはじめ塼・須恵器・土師器・陶磁器・灯明皿・鉄釘などがある。瓦には軒丸瓦が四類、軒平瓦が五類認められ、何度かの葺き替えがあったことを物語る。創建時の軒丸瓦は複弁蓮華文軒丸瓦、軒平瓦は均整唐草文軒平瓦である。他地域に例のない新羅系の優美な瓦当文様である。丸瓦に「丞《じょう》」「牛」とヘラ書きするものがある。丞は役職をあらわすかのようで、国分寺造営に際して寄進した人をあらわしているかとも想像される。「西寺」と墨書する土器があり、東の国分尼寺に対して国分寺が西に位置するところから、通常は西寺と呼ばれていたことが知られる。

国分尼寺跡は、国分寺跡の東にある。遺構は礎石建物跡、築地(推定)跡、溝が認められている。遺物には各種の瓦類、須恵器・土師器・陶磁器、土製の馬などが出土している。軒丸瓦・軒平瓦ともに五種類ある。丸瓦や平瓦に「牛」「神御」「勝」とヘラ書きするものがあり、墨書土器には「東室」「堂東」「子刀自《ねとじ》」「□房」などがある。この尼寺に使用された平安時代の瓦は、遠く離れた平安京にまで運ばれ使用されている。瓦窯は尼寺跡の西側丘陵斜面において発見されている。また、尼寺跡の東の調査区からは「秦館」と書かれた須恵器が出土しており、秦《はた》氏の存在や同氏が国分尼寺に関係した可能性を示唆する。

朝廷に進上した玉

出雲の玉作▲開始は弥生時代前期の西川津《にしかわつ》遺跡にさかのぼる。板状の緑色凝灰岩を擦切《すりき》り技法によって切り取り、それを砥石で磨き、穿孔して管玉としている。同じような玉作跡は中期の布田《ぬのでん》遺跡でも検出されている。平所《ひらどころ》遺跡では弥生後期の、水晶▲を鉄製の錐によって穿孔をした玉作跡が確認されている。

『風土記』に意宇郡の忌部神戸《いんべのかんべ》▲は、国造が神賀詞《かんよごと》奏上のために都の朝廷に参向する時の、潔斎▲の忌み玉をつくる、それで忌部という、とある。出雲国造は代替わりのたびに宮廷での神賀詞奏上のため、国司に率いられて、国造・祝部《はふりべ》▲そ

▼**玉作**　玉作の工程は荒割・荒磨き・仕上げ・穿孔の順である。磨砥石には内磨きや外磨きの砥石があった。出雲の玉作は記録の上では十一世紀が最後で、わが国で一番遅くまで作った。その後江戸時代終わり頃に若狭からめのう細工技術を習い、いまなお伝統的なめのう細工が行なわれている。

▼**水晶**　『風土記』によれば、産地は意宇郡長江山とある。

▼**忌部神戸**　山陰の代表的な温泉地玉造温泉あたりの地域。『風土記』に、川の辺に湯が出る。湯に一度入ると形姿端正になり、更に入れば万病に効能があり、人々は神湯と呼んでいる、とある。

▼**潔斎**　心身を清めること。

▼**祝部**　神に仕えるのを職とする者。

の子弟など総勢百十数人から百九十余人が、太刀・玉・馬・白鳥・御贄《みにえ》など神宝の献上品を持ち上京する。神賀詞(神吉詞)奏上の儀式は新任国造が改めて天皇に服属を誓い、あわせて天皇に霊威を授け繁栄を祈るものという。文献上の初見は『続日本紀』七一六(霊亀二)年二月丁巳(十日)の出雲国造出雲臣果安である。記録が残るのは八三〇(天長七)年の豊持までである。

『延喜式』にみえる儀式次第はつぎのようだ。①国司が新国造候補者を上申すると、大政官が任命し、昇叙《しょうじょ》する。②神祇官から新国造は朝廷からの負幸物《おいさちもの》▲を賜る。③国造は出雲国に帰り一年間潔斎する。④潔斎を終えると、再び国司に率いられて祝部らとともに大極殿南庭で神賀詞を奏上する。この時神宝を献上する。この日は都の役所は休業となる。国造は位を昇叙される。そして朝廷から絹などを賜る。⑤国造は再び出雲国に帰り一年潔斎したのち、さらに都に上り前述の儀式を繰り返す。

出雲国からの玉の進上について、「出雲国計会帳」には七三三(天平五)年八月十九日進上水精玉壱伯伍拾顆《いっぴゃくごじゅうか》事、とある。八〇七(大同二)年の『古語拾遺《こごしゅうい》』▲には「櫛明玉《くしあかるだま》命が孫は御祈玉《みほきだま》(古語に美保伎玉という。いうこころは祈禱《きとう》なり)を造る。

▼**負幸物**　出雲国造が新任に際して天皇から賜るもの。

▼**古語拾遺**　八〇七(大同二)年斎部《いんべ》広成の撰により、斎部氏族の伝承を記録し朝廷に献じた書物。

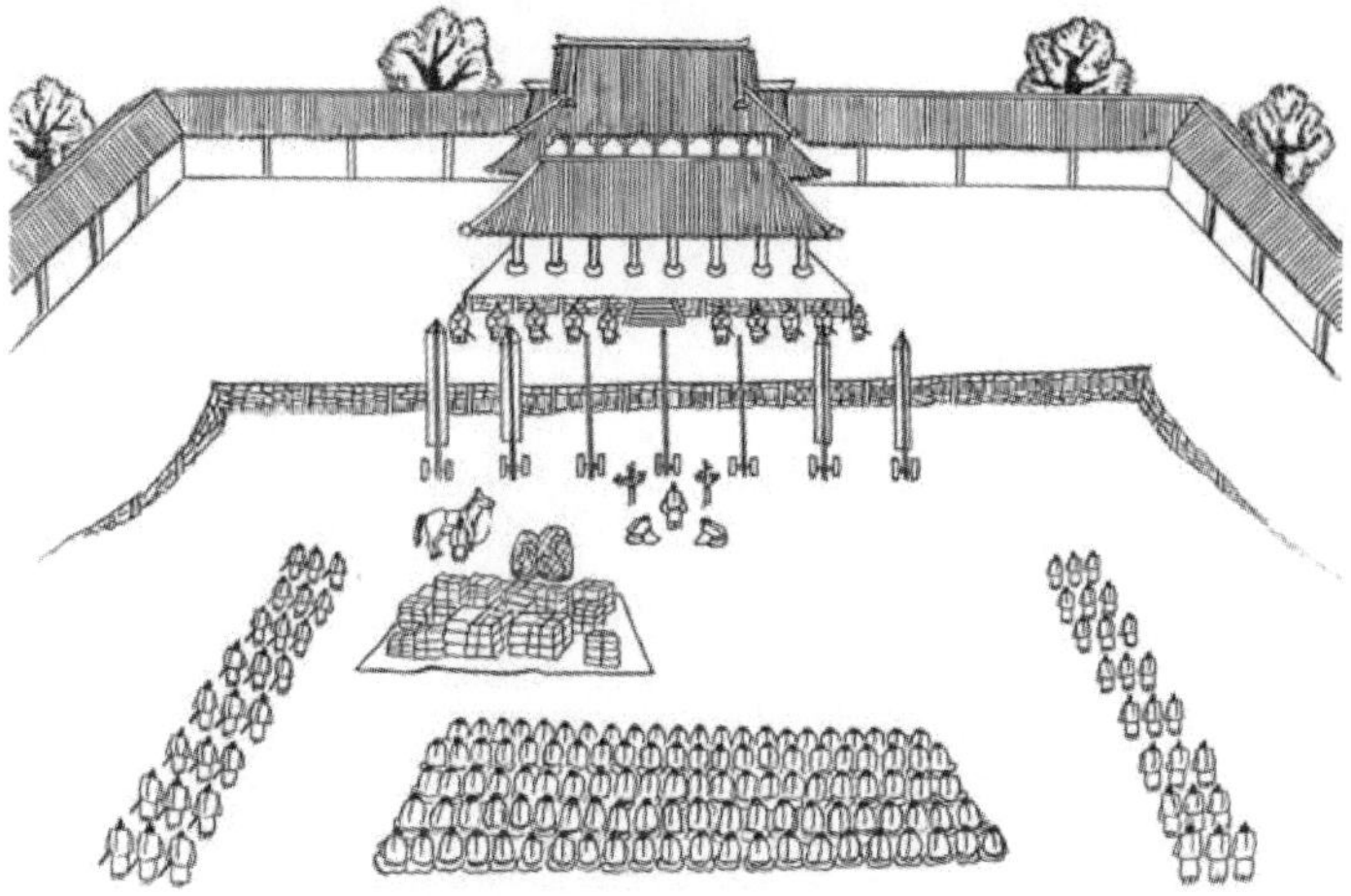

●―平城宮の太極殿南庭で神賀詞奏上する出雲国造の想像図

●―玉作り作業の想像復元(模型)

●―古代の製鉄作業想像図　安来市和鋼博物館の模型をスケッチ・加筆。

▼裔　子孫のこと。

▼大殿祭　宮殿の火災などの災難を祓《はら》い、平安を祈る宮中の祭事。

●出雲の玉作遺跡の分布

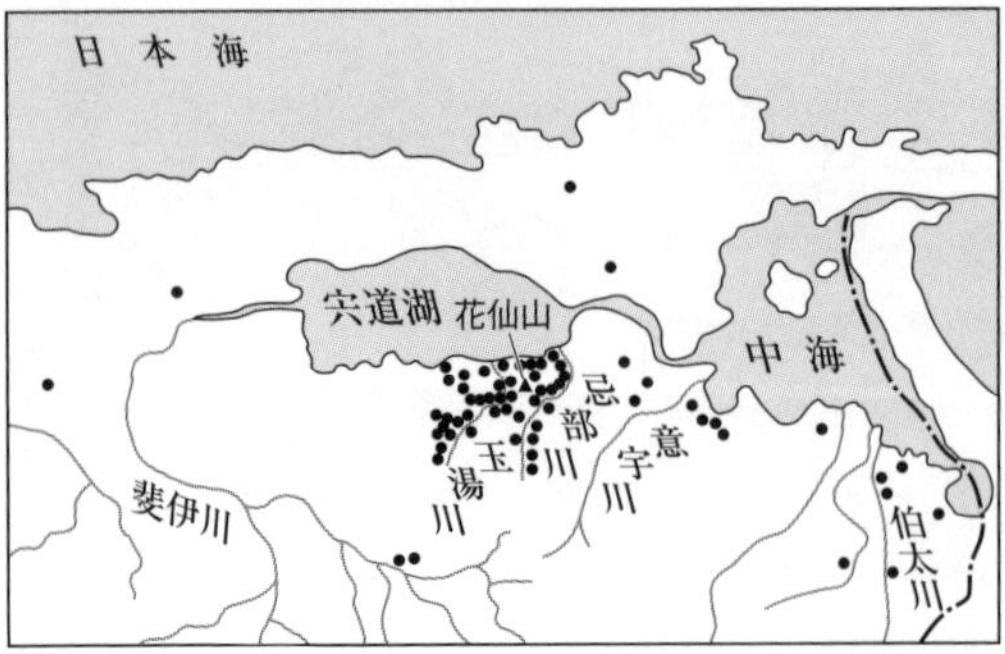

その裔《えい》▲、今出雲国にいる。年毎に調物とともにその玉を貢進《たてまつ》る」とある。九二七(延長五)年の『延喜式』には「およそ出雲国の進《たてまつ》るところの御富岐玉六十連(三時の大殿祭《おおとののほがい》料▲に三十六連。臨時に二十四連)は、毎年十月以前に意宇郡神戸の玉作氏に造り備《そな》えしめ、使《つかい》を差《つかわ》して進上《たてまつ》らしめよ」とある。出雲の玉はアクセサリーではなく毎年朝廷に進上され、宮中でとり行なわれる祭祀の品として特別な扱いを受けていた。

出雲は古墳時代の中期までは近畿、北陸、関東などの地域とともに玉作の盛んな地域の一つであったが、古墳時代後期には他地域の玉作生産が衰退し、出雲はもっとも玉作の盛んな地域となる。そして奈良・平安時代になると、全国では出雲と琥珀《こはく》を産出した岩手県久慈《くじ》の二カ所のみで玉作が行なわれるようになる。

出雲の玉作遺跡は一〇〇カ所以上が知られる。花仙山《かせんざん》▲周辺地域は全国でもっとも玉作遺跡が集中する地域である。松江市玉湯町内には、玉作遺跡は三〇カ所におよんでいる。出雲ではほかに大原遺跡や大角山《おおすみやま》遺跡、忌部《いんべ》中島遺跡など、安来市から松江市の周辺に古墳時代の玉作遺跡が多く分布するが、花仙山から

▼**花仙山**　松江市玉湯町の標高一九九メートルの山。良質の碧玉・瑪瑙を産出する。奈良県橿原市の曾我遺跡では、花仙山産の原石を用いた玉作が行なわれていた。

●—**玉作遺物**　松江市大角山遺跡出土。

原石を運んで玉作を行なっていたと考えられる。出雲の玉作遺跡からはおびただしい量の石屑《いしくず》、未製品が発見されているが、出雲の古墳や横穴墓から出土する勾玉や管玉などの製品はそう多くない。むしろ日本海に浮かぶ隠岐の海士《あま》町唯山《ただやま》古墳や知夫村高津久《たかつく》横穴墓群などでは、出雲産をふくむ多量の玉類が副葬されており、玉の流通、消費を考える上で参考となる。

花仙山産の碧玉は、京都府園部垣内古墳、徳島県蓮華谷遺跡、神奈川県本郷遺跡、遠くは北海道大川遺跡や宮崎県祇園原遺跡などにまで広がっていることが判明している。広い範囲に分布しているのは、おそらく大和政権が一度玉を集め、それを各地に配布したためであろう。

奈良時代の玉作跡は松江市玉湯町岩屋遺跡Ⅱ区で確認されており、碧玉、黒色泥岩《でいがん》、石英の平玉《ひらだま》未製品、水晶製の丸玉が出土している。砥石は砂岩質の筋砥石、棒状の珪化木《けいかぼく》を使用している。同じ玉湯町の蛇喰《じゃばみ》遺跡では玉の未製品などとともに、「白田」「由」「林」など多数の墨書土器、ヘラ書き土器が出土し、玉作に関係する役所跡の可能性がある。

鉄生産と鍛冶

現在、わが国で唯一、古来からの伝統を受け継いだたたら吹きが行なわれているのが出雲である。一九七七（昭和五十二）年から復元された日刀保《にっとうほ》たたら▲において、毎年冬期に三〜四回の操業が実施されている。たたら吹きで生産した鉄は錆《さ》びにくく丈夫である。江戸時代後期から明治にかけて、出雲は全国第一の鉄生産量を誇っていた。しかしその後、西洋から溶鉱炉による製鉄技術が導入された結果、安価な鉄が大量に生産されるようになったため、たたら吹きによる鉄生産は急速に衰退し、やがて廃業に追い込まれた。

『風土記』には「仁多郡の三処郷・布勢郷・三沢郷・横田郷、以上の諸郷から出すところの鉄は堅く最も雑具を造るのに堪《た》える」とある。さらに飯石郡の波《は》多《た》小川と飯石小川には「鉄《まがね》あり▲」とある。神戸川の支流・波多川と三刀屋川の支流・多久和川のそれぞれの川には砂鉄▲があるというのである。これらの流域では人々が砂鉄を採取し、鉄の精錬が行なわれていたのであろう。

日本の鉄器出現は、朝鮮半島からもたらされた福岡県曲り田遺跡の鍛造板状鉄器や熊本県斎藤山遺跡の鋳造袋状鉄斧などに始まる。弥生時代前期のことで

▼日刀保たたら　財団法人日本美術刀剣保存協会によって、仁多郡奥出雲町大字大呂に復元されたたたら。村下《むらげ》（技師長）の指揮のもと、炭と砂鉄を交互に挿入しながら三日三晩、不眠不休の過酷な作業を行なう。

▼鉄あり　『播磨国風土記』讃容《さよ》郡鹿庭《かにわ》山に「山の四面に十二の谷あり。皆、鉄をいだす。難波豊前の朝庭（孝徳天皇）に始めてたてまつりき」とある。

▼砂鉄　「粉鉄《こがね》七里（二八キロメートル）に炭三里（一二キロメートル）」といわれる原料調達の範囲がある。中国山地には真砂《まさ》系と赤目《あこめ》系の砂鉄があり、出雲では良質の鉄ができる真砂系砂鉄が分布する。

ある。山陰では松江市西川津遺跡や鳥取市青谷上寺地《あおやかみじち》遺跡から、弥生中期に朝鮮半島から伝えられたと推測される鋳造鉄斧が出土している。わが国の鉄生産の開始時期▲をめぐっては、弥生時代中・後期に精錬が始まったとする説と、五世紀に精錬滓が出土し、六世紀に精錬炉が検出されているという事実からの古墳時代中・後期開始説がある。

出雲において発掘調査された古代の製鉄遺跡は、七世紀前半の雲南市掛合《かけや》町羽森《はねもり》第三遺跡の円筒形炉、八世紀の松江市玉湯町玉ノ宮史跡玉作跡D－Ⅰ号炉がある。石見ではこれより古い六世紀後半の箱形精錬炉跡が、邑智郡邑南町今《いま》佐屋山《さややま》遺跡Ⅰ区で一カ所検出されている。粘土でつくった炉を壊したそばに小さな鉄塊がいくつも堆積していた。近くには竪穴住居跡が三棟検出されたので、おそらく鉄づくりに精を出した工人たちの作業場兼住居であったと考えられる。

六世紀後半〜七世紀前半の中国山地の製鉄炉の例は、鉄鉱石を原料とした岡山県千引かなくろ谷遺跡、砂鉄を原料とした大蔵池《おおぞういけ》南遺跡、砂鉄や磁鉄鉱を原料とした広島県のカナクロ谷遺跡などがある。この時期の製鉄炉の地下構造は地面を直接掘り下げて防湿構造を設けるものや、溝を掘り底の一部に粘土を貼

▼鉄生産の開始時期　弥生時代説は広島大学川越哲志が提起している。島根県邑南町湯谷悪谷遺跡では、弥生時代終末の住居跡から二酸化チタン九・四パーセントを含む砂鉄精錬滓が検出され、注目されている。

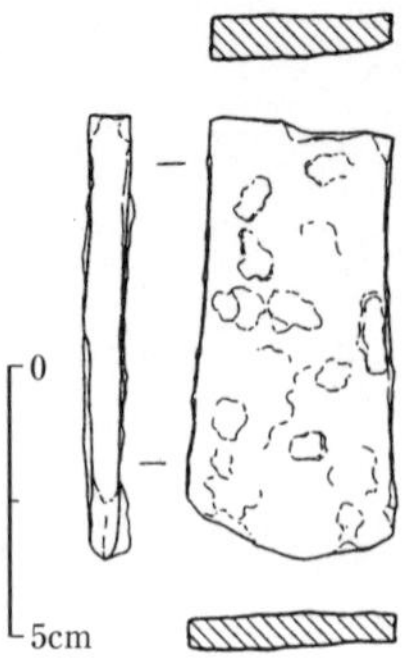

●——**板状鉄斧**　板屋Ⅲ遺跡出土。弥生後期末。長さ八・一センチ、幅四センチ、重さ九一・九グラム。

▼**上野Ⅱ遺跡**　鍛冶炉の地下構造は保温のため粘土と炭が互層となっていた。

ったり、底の一部を深く掘り込んで防湿施設をつくるなどをしたという。木炭を焚いて鉄を熱したうえ、武器や農具に加工する鍛冶作業をした跡があちこちで発見されている。

雲南市木次町平田遺跡の鍛冶工房跡は、弥生時代後期末〜古墳時代初頭の径九メートルのほぼ円形に近い竪穴建物である。中央の土坑に隣接する鍛冶炉一カ所とその周辺の三カ所あわせて四カ所に鍛冶炉があり、鉄鏃・鉄斧・鏨《のみ》・ヤリガンナをつくるための棒状鉄片や板状の裁断片、小さな鉄片が確認されている。鉄素材は朝鮮半島からもたらされたもので、鏨切り、火炙《ひあぶ》り曲げ加工、砥石による研磨という原始的な鍛冶である。大きな竪穴鍛冶工房であり、何人かの工人が分業的に作業していたことを想像させる。弥生後期の安来市竹ケ崎遺跡・柳遺跡では鍛冶炉跡や鍛造剥片がみつかっている。また、松江市宍道町の上野Ⅱ遺跡▲では一一棟の住居跡がみつかったが、そのうち八棟から弥生時代後期後葉頃の棒状や板状の鉄素材、鍛造剥片、鉄片、製品の刀子、鉄斧、鍬先などがまとまって出土した。

出雲をふくむ山陰の弥生時代の鉄器出土量は、北部九州、山陽、近畿地方の出土量と比較すると北部九州に次いで多く、山陽や近畿地方に比べて際立って多いことが明らかになっている。山陰では弥生時代後期後半になると鉄器は急増し、拠点的集落では鉄器生産が恒常的に行なわれ、後期終末には武器や農工具類の鉄器化は完了したと考えられる。従来、山陰地域は鉄器文化の後進地域のように思われていたが、鉄器文化の先進的地域と位置づけられる。

古墳後期〜奈良時代の安来市徳見津《とくみつ》遺跡は鍛冶集団の集落跡で、丘陵斜面を段状に削平加工し鍛冶工房をつくっている。そして鍛冶作業にともなってでる鍛造剝片が確認され、鉄製鋤や鍬先も出土している。雲南市三刀屋《みとや》町鉄穴内《かんなうち》遺跡では奈良時代後半〜平安初期の鍛冶工房五棟が検出されており、出雲で盛んに製鉄や鍛冶が行なわれていたことを知ることができる。

製鉄や鍛冶に欠かせないのが木炭である。木炭を生産した炭窯跡は、宍道湖岸に近い松江市の玉湯町布志名《ふじな》大谷Ⅱ遺跡から七〜八世紀初め頃の炭窯跡が二基と、宍道町白石《はくいし》大谷Ⅰ遺跡から一基みつかっている。いずれもトンネル状に穴が掘られた横口付炭窯である。焚き口から煙出しまでの長さは一四メートル。トンネルには横口が六カ所開いている。炭焼きのために山林の木々が多く伐採されたであろう。

須恵器つくり

『風土記』の朝酌《あさくみ》郷大井《おおい》浜は「陶器《すえもの》を造れり」とある。松江市大井町から朝酌町に広がる大井古窯跡群は、一九一六(大正五)年後藤蔵四郎によって発見された。今のところ廻谷《さこだに》・寺尾・ババタケ・岩汐《いわしお》・山津・明曾・勝田谷・唐干《からぼし》の八カ所の支群が知られ、それらのあちこちに窯体や灰原▲の一部が露出しているのが見られる。発見された須恵器から、早くは大井古窯跡群の寺尾・廻谷で、五世紀末〜六世紀初頭ごろに操業が始まる。この時期には安来市門生《かどう》町の門生古窯跡群においても操業が始まっているが、山陰においてはこの時期の須恵器生産開始はほかに例がなく、先進地であった。須恵器の胎土分析によると、大阪府陶《すえ》邑《むら》古窯跡群▲生産の須恵器が安来市の遺跡で確認されているので、須恵器製作の工人の技術がいちはやくもたらされたのであろう。その後六世紀後半には出雲の須恵器生産の中心的存在となり、八世紀中ごろまでは独占的に生産していたようである。操業は九世紀ごろまで行なわれた。今でいえば、窯業の一大工業

▼**灰原**　窯の前面にある、製品とならないものを捨てた場所。

▼**陶邑古窯跡群**　大阪府堺市・和泉市など泉北丘陵一帯に広がる、古墳時代中期から平安時代の須恵器をつくった大窯跡群。

▼糸切り　ロクロを使って粘土塊から器をつくり、ロクロから器を切り離す際に、糸を用いて切り離す方法。

団地といったらいいであろう。

大井古窯跡群の窯で製作生産された八世紀の須恵器の特徴は、底部は糸切り▲で、坏の口縁部がわずかにくびれ、輪状つまみがある点である。出雲の政治の中心・出雲国府から四キロメートルという近距離の位置にあり、国府へも多くの製品が供給された。さらに、大井古窯跡群の八世紀の製品は、出雲をはじめとして山陰の伯耆・因幡の範囲に供給されたことがわかっている。

朝酌郷では須恵器つくりに適した粘土と水、焼くための薪が豊富に得られたようだ。大井は豊かな湧水のある郷ということらしい。実際に大井には『風土記』に邑美冷水《おおみのしみず》と記される目無水《めなしみず》と呼ばれる豊かな湧水があるほか、大井神社脇などいくつかの湧水がある。邑美冷水については「老若男女が時々群り集まって宴をするところだ」、近くの前原埼の浜は「男女時により集い、楽しんで帰り、ある時は帰るのを忘れるぐらい遊び常にうたげするところである」と『風土記』は書いている。

出雲全体では今のところ一二カ所ほどの須恵器窯跡がある。中海の南岸には安来市の門生町門生古窯跡群(高畑・山根)・上吉田町廻谷古窯跡、宍道湖北岸には松江市古曾志平廻田古窯跡群、出雲市深谷古窯跡・木舟古窯跡群、南岸には松江市の八雲町古城古窯跡・大石古窯跡、西忌部町湯峠古窯跡、宍道町西来待の小松古窯跡群、仁多郡奥出雲町の大内谷古窯跡である。八世紀後半頃から九世紀後半になって窯が広がりを見せる。仁多郡奥出雲町の大内谷窯跡をのぞけば、おおよそ中海、宍道湖の縁辺に立地するという特徴がある。湖上交通によって製品を輸送するのに便利な場所である。

木簡にみえる産物

『風土記』には、例えば、島根郡の朝酌促戸《あさくみのせと》(渡し)は、季節に応じて大小の雑《ざ》魚《こ》が大量にとれ、あちこちから商いの人たちが集まりにぎやかで市場ができる。鮑《あわび》は出雲郡のものがもっとも優れ、捕《と》る者は御埼《みさき》の海子《あま》である、などと人々の生業のようすを伝えるいくつかの記事がのる。

藤原宮跡や平城宮・平城京跡から発見された木簡のなかには、次のように出雲国から税として進上された産物が書かれており、当時の人々の暮らしを垣間見ることができる。

（藤原宮跡出土の木簡）
「出雲国嶋根郡副良里▲伊加大贄廿斤《いかおおにえにじゅっきん》▲」　「出雲評支豆支《きずき》里▲大贄煮魚須々支《すずき》」
（平城宮・平城京跡出土の木簡）
「出雲国意宇郡飯梨《いいなし》郷中男作物▲海藻《め》参斤　籠重《かごかさね》漆《しち》両▲　天平勝寶《しょうほう》七歳十月」
「出雲国嶋根郡生馬《いくま》郷中男作物烏賊陸《ろく》斤　籠壱斤　天平九年十一月」
「出雲国秋鹿郡多太郷中男作物海藻陸斤　籠重十両　天平九年十月」
「出雲国朝山郷交易雑魚腊《きたい》壱斗」　「出雲国大原郡矢代《やしろ》里大贄腊壱斗伍升《いっとごしょう》」
「出雲国若海藻《わかめ》御贄」　「出雲国交易紫菜▲三斤太」　「出雲国煮干年魚《にぼしあゆ》御贄」

大贄・御贄は神や天皇・皇族・朝廷にささげる食物である。腊は海で獲れるものは丸干しあるいはメザシ、川ならばアユ・マス・ヤマメなどの干物、獣の場合は鹿肉・猪肉などの加工品であろう。

なお、『延喜式』の規定によれば、出雲国の人々が納める税として、調は白絹・緋白《ひはく》などのほか、烏賊・鰒《あわび》、庸は白木韓櫃《からびつ》、中男作物は紙・海石榴《つばき》油・荏《えごま》油・胡麻《ごま》油・薄鰒《うすあわび》・雑腊《くさぐさのきたい》・紫菜《のり》・海藻《め》であった。

▼**副良里**　松江市美保関町福浦。
▼**廿斤**　一斤は六〇〇グラム。二〇斤は一二キログラム。
▼**支豆支里**　出雲市大社町杵築北、杵築南周辺。
▼**中男作物**　一七〜二〇歳の男子に課せられた税。地方の産物を納めさせた。
▼**漆両**　七両のこと。一両は三七・五グラム。
▼**紫菜**　海苔のこと。

●—北つ海と出雲の位置

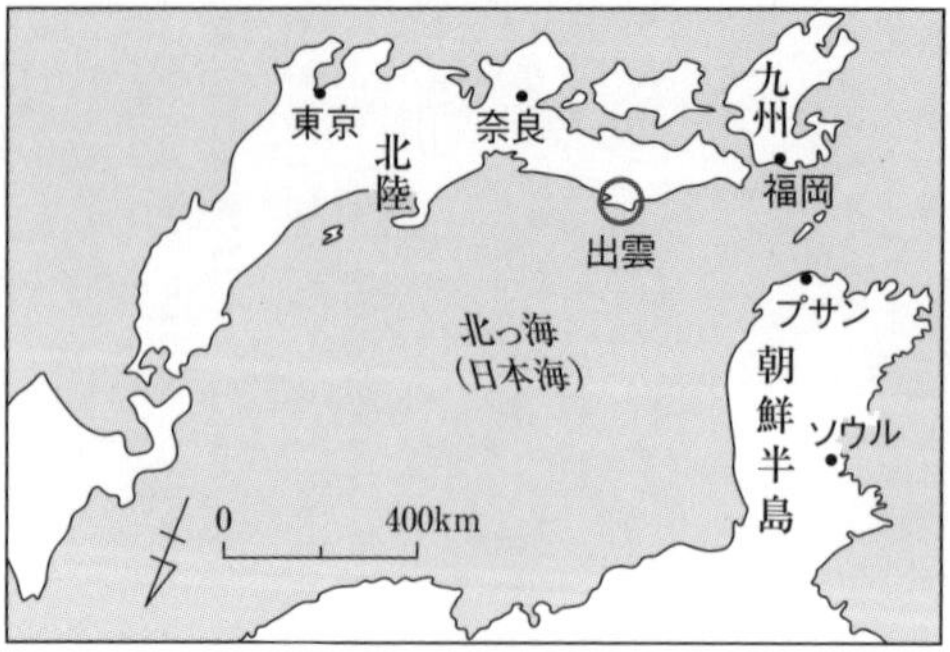

⑤—共生の北つ海ネットワーク

北つ海回廊

日本海は『風土記』や『日本書紀』に北つ海と書かれている。出雲は海路で西へは九州、東へは北陸などとつながっていた。さらに、古代の先進地域であった大陸・朝鮮半島とも交渉があった。島根半島と朝鮮半島との距離は三〇〇キロメートル、出雲と東京の直線距離は六〇〇キロメートルであるからよほど近い。日本海は冬季を除けばおおよそ波静かな海で、陸上交通の発達していない古代には、人々の交流や物資輸送に大きな役割を担ったにちがいない。兵庫県袴狭《はかざ》遺跡▲の船団を描いた木製品などはそれを物語る。

宍道湖や中海、神門水海などの潟湖や斐伊川・神戸川・飯梨川など出雲の河川は、集落間をむすぶハイウェイの役目を担っていたと考えられる。出雲の平野部、海岸部、山間部など各地域間の交流もまた盛んで、豊かな地域であったことを想像させる。

『風土記』の国引き神話には、志羅紀《しらぎ》の三埼や高志《こし》の都都《つつ》の三埼のそれぞれの余りを引いてきて出雲国を大きくしたことがのる（八ページ参照）。朝鮮半島や北陸などの話が語られるのにはそれなりの理由があってのことである。

朝鮮半島・大陸との交流

中国の史書『魏志《ぎし》』東夷《とうい》伝倭人条に記載された倭の国々に関しては、邪馬台《やまたい》国▲論争で代表されるように、国の比定地論争が続いている。不弥《ふみ》国▲から南へ水行二〇日、邪馬台国に次ぐ戸数五万戸の投馬《とうま》国▲の所在について、笠井新也は「邪馬台国は大和である」（『考古学雑誌』一二―七）において、出雲が古くから開けた所で五万戸の故地にふさわしいこと、神話や伝承に朝鮮半島と交渉があったこと、不弥国から水行二〇日、邪馬台国への上陸地までがさらに水行一〇日と三分の二の地点に投馬国があり、出雲も約三分の二に位置すること、出雲と投馬の音が類似することから出雲と比定している。備後の鞆《とも》や吉備、香川県三豊《みとよ》市詫間《たくま》町付近などの説もあり一致しないが、山田孝雄「狗奴《くな》国考」（『世界』八三号）、末松保和「魏志倭人伝解釈の変遷――投馬国を中心として」（『青山学叢』一）等も出雲説を主張している。

▼**袴狭遺跡**　兵庫県豊岡市出石町に所在。一六艘の船団を描いたと思われる線刻のある木製品が、古墳時代初頭頃の溝から出土した。長崎県壱岐市郷ノ浦町鬼屋窪古墳にも船の群を描いた壁画がある（金関丈夫博士古希記念委員会編『日本民族と南方文化』）。

▼**邪馬台国**　倭の国の一つ。二世紀後半～三世紀前半、女王卑弥《ひみ》呼《こ》の支配する、倭にあった最大の国。使いを魏に送った。

▼**不弥国**　『魏志』倭人伝にのる倭の国の一つ。伊都国、奴国の次に書かれた国。

▼**投馬国**　三品彰英『邪馬台国研究総覧』に比定地をのせるが、山尾幸久も出雲説（『日本古代の国家形成』）。高橋徹らは吉備を主張（『卑弥呼の居場所』）。

●―古代における朝鮮半島から山陰への来着・漂着

年月日	記事	文献
689(持統3) 1. 9	風浪に遭い漂着した蕃人を出雲国司に送らせた。	日本書紀
763(天平宝字7) 10. 6	板振鎌束が学生高内弓、入唐学問僧戒融らと渤海国からの帰路、風漂に遭い人為事故を起こし隠岐国に漂着。	続日本紀
780(宝亀11) 3. 3	金銅鋳像1、白銅香炉1などが出雲国海浜に漂着。	続日本紀
799(延暦18) 2.10	遣渤海使が帰路に隠岐国に漂着。	日本後紀
814(弘仁5)11. 9	渤海使王孝廉ら来着。	日本後紀
825(天長2)12. 3	渤海国使高承祖ら103人、隠岐国に来着。	類聚国史
861(貞観3) 1.	渤海国使李居正ら150人、隠岐より島根郡に来着。	三代実録
863(貞観5)11.	新羅国人57人因幡国荒坂の浜に来着。	三代実録
864(貞観6) 2.17	前年石見国美濃郡海岸に漂着した新羅国人30余人、うち生存者24人に食料を与えて帰国させた。	三代実録
874(貞観16) 6. 4	石見国に漂着した渤海人宗佑ら56人に食料等を与え帰国させた。	三代実録
876(貞観18) 1.16	出雲国に渤海国使着岸、6月25日帰国する。	三代実録
888(仁和4)10. 3	新羅国人35人隠岐国に漂着。	日本紀略
889(寛平1) 2.26	隠岐国に漂着の新羅国人に米塩等を与えた。	日本紀略
892(寛平4) 1. 8	渤海国使が出雲に来着。	日本紀略
894(寛平6)12.	伯耆国に渤海使が来着。	日本紀略
908(延喜8) 2.18	伯耆国に渤海使が来着。	日本紀略
942(天慶5)11.15	新羅船7艘が隠岐国に来着したと報告。	日本紀略
996(長徳2) 5.19	石見国来着の高麗人に食料を与えて帰国させた。	小右記

内藤正中『山陰の日朝関係史』をもとに作成

『続日本紀』などには新羅と大宰府の那ノ津を結ぶ航路や、冬の季節風を利用した渤海《ぼっかい》▲と日本の北陸（能登福浦、加賀など）と結ぶ航路があったことが書かれており、古くから北つ海を通じた交流があったことを知ることができる。

朝鮮半島から出雲・隠岐など山陰に漂着した記録の初見は、『日本書紀』六八九（持統三）年出雲国司に風浪に遭《あ》った蕃人《ばんにん》▲を上送させた記事である。その後も、『続日本紀』などに新羅・渤海からの来着、漂着の記事がのる。

考古遺物の上から見ると次のような例がある。

孔列《こうれつ》土器と呼ばれる甕の口縁部に連続した刺突をもつ土器は、縄文時代晩期前半に朝鮮半島から日本海を越えて伝わったとみられている。西川津遺跡・タテチョウ遺跡・佐太講武貝塚・出雲市三田谷Ⅰ遺跡や飯南町の板屋Ⅲ遺跡・森遺跡等でみつかっている。いずれも深鉢である。

古浦砂丘遺跡やタテチョウ遺跡から出土した弥生時代前期土器の中に、樽型の胴部に短く外反する口縁をもつ、縄文時代晩期後半から認められる松菊里《ソングンニ》型土器▲が含まれる。さらに、甕の口縁部分に玉縁の突帯をめぐらす弥生前期の朝鮮系無文土器は、出雲市大社町原山遺跡・松江市西川津遺跡・布田遺跡、鳥取

▼**渤海**　六九八〜九二六年。中国東北部の東部、沿海州にあった国。大祚栄《だいそえい》が建国、一五代で契丹《きったん》に滅ぼされた。

▼**蕃人**　隣国の人。朝鮮半島の新羅人をさすと思われる。

▼**松菊里型土器**　朝鮮半島の松菊里遺跡に特徴的な土器。

●——**人面付き土器**　西川津遺跡出土

県湯梨浜《ゆりはま》町長瀬高浜遺跡からみつかっている。これは衛氏《えいし》朝鮮▲による箕氏《きし》朝鮮滅亡を反映して、半島の人々が渡来してきた影響によるものと理解されている。

古浦砂丘遺跡から出土した弥生前期の人骨は、骨の特徴から渡来人と考えられている。松江市鹿島町の堀部《ほりべ》第1遺跡では長者が丘と呼ぶ小丘の周囲に、弥生前期の配石墓▲が五七基めぐっている。これは朝鮮半島の支石墓の流れをくむもので、古浦砂丘遺跡の渡来人とも関連するありようである。

土笛は中国の先史時代の陶塤《とうけん》に源流があり、卵形をし、吹き口と前面に四孔、後面に二孔の小孔がある。土笛は北部九州の響灘《ひびきなだ》沿岸から山陰の出雲・伯耆、丹後半島などの一八遺跡から八七個が発見されており、その分布は一例を除いて日本海岸側のみという特色的な分布である。多くは弥生前期のものである。西川津遺跡・タテチョウ遺跡など出雲の遺跡からは特に数が多く、六一個が見つかっている。堀部第1遺跡五号墓のように、埋葬墓に伴う例もある。

松江市田和山遺跡からは楽浪郡の遺跡である朝鮮民主主義人民共和国平壌市石厳里六号墳で出土した、硯《すずり》の研石▲とよく似た石製品が二点出土している。わが国では初めての発見で、朝鮮半島北部の前漢時代の楽浪文物▲が直接的に出雲

▼**衛氏朝鮮**　前一九五年頃、衛満が箕氏の子孫を駆逐し王となり、都を王険城(平壌)においた。

▼**配石墓**　木棺の上に石を置いた墳墓。

▼**研石**　一点は四・一×三・五センチ、厚さ〇・七センチの大きさ。もう一点はこれより小さい。

▼**楽浪文物**　前一〇八年、前漢の武帝が衛氏朝鮮を滅ぼして現在の平壌あたりにおいた楽浪郡の遺跡や古墳群から出土する漢代の文物。

▼**『漢書』地理志**　後漢の班固(三二～九二年)の著わした前漢の歴史書。日本に関しての最古の文献。地理志に「楽浪海中に倭人あり。分かれて百余国。歳時をもって来たりて献見す」とある。

にもたらされたことを表わすものであろう。一世紀の『漢書』地理志▲には、倭《わ》は百余の国にわかれ定期的に楽浪郡に使いを送っていたという。出雲からも楽浪郡に使いを送っていたことを想像させる。出雲市天神遺跡出土の弥生中期頃の蓋《きぬがさ》▲（推定）や、同じ出雲市姫原西遺跡の弥生後期末頃の類例のない弩《ど》▲形木製品も楽浪文化の影響を受けている。

鉄に関しては、『魏志』弁辰伝に「この国（弁辰《べんしん》▲）は鉄を産し、韓・穢《わい》・倭はそれぞれここから鉄を入手している。物の交易にはすべて鉄が用いられ、あたかも中国で銭を用いるのと同じようである」とある。弥生時代の鋳造鉄斧が西川津遺跡、弥生後期末の板状鉄斧が板屋Ⅲ遺跡、鉄器をつくるときの朝鮮半島産鉄素材が上野Ⅱ遺跡や平田遺跡などから出土している。貴重な鉄を求めた倭の人々のなかに、出雲の人々が含まれていたことを推測させる。

韓国・釜山《プサン》大学申敬澈《シンギョンチョル》教授は、韓国・嶺南の東萊《トンネ》貝塚などから弥生後期の山陰系土器が出土しており、出雲から朝鮮半島南部の弁辰のちの伽耶《かや》に移住し、かの地で活躍した人々の存在を想定している。半島からの一方向の文化の流入ではなく双方向の交流が考えられる。

▼**蓋**　衣笠・華蓋。貴人などの行列にさしかざすのに用いた長い柄の傘。

▼**弩**　中国式の弓。

▼**弁辰**　古代の朝鮮半島東海岸にあった国。

朝鮮半島の韓式土器▲が弥生中期の布田遺跡、古墳時代前期の瓦質土器が草田《くさた》遺跡などから出土しており、安来市鷺《さぎ》の湯《ゆ》病院跡横穴墓からは、韓国の王族墓にしか見られないような太環《たいかん》式耳環▲が発見されている。わが国では唯一の例である。浜田市森ケ曾根古墳出土の小型器台は六世紀前半から中葉の伽耶《かや》系陶質土器▲であり、隠岐・西ノ島町珍崎《ちんざき》の聖岩《ひじりいわ》出土と伝える蓋《ふた》も、六世紀後半の伽耶系陶質土器である。

寺院については、山代郷新造院跡など出土の軒丸瓦・軒平瓦に、唐草文のある新羅系瓦や高句麗系の軒丸瓦、鴟尾《しび》がある。出雲国分寺跡の新羅系軒丸瓦、軒平瓦などにも、朝鮮半島の影響が強く認められる。八世紀後半の統一新羅系土器(長頸壺、瓶)片が江津市古八幡《ふるはちまん》付近遺跡から発見されている。羅列的であるが、このように出雲あるいはその周辺地域においては、朝鮮半島からの文物やその影響例を次々とあげることができる。

渤海国は朝鮮半島北部から中国東北部に位置した国である。わが国には七二七(神亀四)年から約二〇〇年の間に三七回の使節を送っている。このうち出雲・隠岐・伯耆にはあわせて八回着いている。一回の人数は一〇〇人を上回る

▼**韓式土器**　楽浪郡で製作された瓦質土器。

▼**太環式耳環**　太い環に垂飾のつく耳飾り。

▼**陶質土器**　一一〇〇度前後で焼かれた朝鮮半島の土器。

場合もあり、商取引も大きな目的であった。交易品は渤海からはてん皮・豹《ひょう》皮《がわ》・熊皮・人参《にんじん》を持参し、日本の絹・糸・綿などを求めた。日本からの専使・送使は計一五回である。

　出雲産の水精《すいせい》（水晶）は八世紀から十一世紀初頭頃まで朝廷に進上された。この水精が仏教の念珠として日本から東アジアへのおもな交易品となっていた。『続日本紀』七七七（宝亀八）年五月、渤海国使、史都蒙《つもう》の帰国に際し、高麗朝臣《こまあそん》殿継《とのつぐ》を送使とするとともに、黄金小一〇〇両・水銀大一〇〇両・金漆《こしあぶら》一缶《かん》・漆一缶・海石榴《つばき》油一缶・水精念珠四貫・檳榔《びんろう》扇一〇枝を贈っている。また、八〇四（延暦二十三）年、入唐僧《にっとうそう》の最澄《さいちょう》は台州《たいしゅう》刺史《しし》▲陸淳《りくじゅん》へ水精珠一貫を贈与している。日本と唐との仏教文化交流の中にあって、出雲の水精念珠は貴重な贈り物であったようだ。

▼**刺史**　中国の地方官で、州の知事のこと。

北部九州の文化・古志国人の出雲移住

　『日本書紀』崇神《すじん》天皇六十年秋七月の条に、天皇が出雲大神の神宝《しんぽう》をみたいと武諸隅《たけのもろすみ》を出雲に遣《つか》わされたが、神宝を管理していた出雲臣の遠祖である出雲振根《ふるね》が筑紫に出かけていて、弟の飯入根《いいいりね》が勝手に神宝を朝廷に献上したため兄の怒りに触れた。出雲と筑紫の関係を知ることができる。

縄文時代では、曾畑《そばた》式土器▲や轟《とどろき》式土器▲など九州系の土器が山陰の遺跡から出土している。弥生時代には、荒神谷遺跡出土の銅矛は北部九州で製作され運ばれてきたもの、松江市竹矢《ちくや》町出土の細形銅剣や出雲市大社町命主《いのちぬし》神社出土の中細銅戈も北部九州からもたらされたと考えられる。松江市宍道町蒐古館蔵の推定出雲出土の邪視文《じゃしもん》銅鐸は、佐賀県吉野ヶ里遺跡出土の銅鐸と同笵であると指摘されており、九州で銅鐸鋳型の出土もあり、鋳造は北部九州と目される。

弥生土器については、弥生前期の遠賀川式系土器が日本海岸側に点々と出土している。安来市カンボウ遺跡出土や隠岐島の三度《みたべ》沖の海中採集の土器は、北部九州の弥生後期の高三潴《たかみすま》式〜下大隈《しもおおくま》式土器である。漁具の場合、西川津遺跡出土の結合釣り針は、朝鮮半島から対馬、北部九州あたりに多く分布する特徴的なものである。猪目洞窟遺跡や西川津遺跡からは、南西諸島以南の海で採取されたゴホウラ貝を加工してつくられた腕飾り(ゴホウラ製貝輪)が出土しており、九州から入手したものであろう。

▼**曾畑式土器**　熊本県宇土市にある曾畑遺跡から出土する九州縄文時代前期の大半を占める土器型式。

▼**轟式土器**　熊本県宇土市にある縄文時代前期の轟貝塚出土土器を模式とする土器。

古墳時代においては、松江市の岡田山一号墳・御崎山《みさきやま》古墳などの石室の石積み技法や横口式石棺、石室や横穴墓の門《かんぬき》の陽刻をする閉塞《へいそく》石、石棺式石室、安来市穴神一号横穴墓の彩色壁画などは、九州の影響をうけたものである。

古志との交流は『古事記』上巻に「八千矛神（大国主命のこと）が高志国の沼河比《ぬなかわひ》売《め》を婚《よば》はむとして幸行《い》でまし時」とあり、北陸と関係した姿をおもわせる。むろんよく知られているように妻須世理比売《すせりひめ》、八上比売《やかみひめ》、胸形《むなかた》奥津宮の多紀理《たきり》比売《ひめ》などとの話も書かれており、大和、因幡、筑紫等とのかかわりも知られる。

『風土記』の意宇郡拝志《はやし》郷に「所造天下大神が越の八口《やくち》を平定しようと出発される時に樹林が茂っているのを見て、自分の心はこの樹林のように意気盛んだ」といわれた。意宇郡母理《もり》郷には「越の八口を平定して帰還され、長江山に来て言われるには、自分が領有支配した国は天皇に献上する。しかし、八雲立つ出雲国は自分が住む国として青垣山をめぐらして玉を愛するように守るといわれた」とある。出雲から越に遠征したことを伝える記事である。

また、『風土記』には神門郡の狭結《さよう》駅について、古志国の佐与布という人が移住してきたので最邑《さよう》という。古志郷の由来は、イザナミノミコトの時代に日淵

▼堤　出雲市古志町の宇賀池堤跡と考えられる。

▼符　上級官庁から直接の下級官庁に出された文書。

川(保知石川《ほじし》)に池を築造した。そのとき、古志の国人《くにびと》たちがきて堤▲をつくる仕事をした。その後、かれらが居住したところであるので古志という、とある。古志国からの優れた指導者や技術集団の移住を伝えるものであろう。

『日本書紀』垂仁天皇二年には、意富加羅《おおから》(大伽耶)の王子・都怒我阿羅斯等《つぬがのあらしと》が北つ海より廻りて出雲国をへてここ(越の笥飯《けい》、敦賀《つるが》の気比《けひ》あたり)に至ったとあり、出雲が日本海海路の中継地であったことを物語る。奈良時代の「出雲国計会帳」の記録に七三四(天平六)年七月二日、筑紫大宰《だざい》から符《ふ》▲が一通出され、七月十三日に出雲国へ届いている。それは、越前国に向かう筑紫大宰府に所属する船長の従八位下、生部勝麻呂《いくべのかつまろ》など合わせて四人についての内容を書いたものであった。これは大宰府の那ノ津から出雲を経由して北陸の福井(敦賀か)と結ぶ航路があったことを表わしている。

考古学的な遺跡や遺物の上で北陸とのかかわりにはつぎのような例がある。中国山地の飯南町下山《しもやま》遺跡からみつかった縄文後期中頃の屈折像土偶《どぐう》は、主に東北地方に分布の中心があり、東北地方から北陸を経由して搬入された可能性が高い。

江戸時代の一六六五(寛文五)年、出雲大社の東方に鎮座する命主神社背後の大岩付近から弥生時代の中細形銅戈とヒスイの勾玉が発見され、出雲大社に所蔵されている。このヒスイは半透明濃緑色の極めて良質なもので、蛍光X線分析によって新潟県糸魚川産の可能性が高いとされている。出雲・石見・隠岐など山陰各地の古墳・横穴墓に副葬されたヒスイの勾玉も散見される。ヒスイは九州にも運ばれており、日本海にヒスイロードがあったことを想像させる。

弥生時代後期の四隅突出型墳丘墓・出雲市西谷三号墓の墳丘墓上から出土した土器の中に、在地の土器に混じって吉備の土器とともに、北陸あたりと思われる特徴を持つ土器が出土している。この墓に副葬された碧玉製管玉は北陸産である。葬送に際して亡き首長ゆかりの人たちが参列した可能性を示唆している。北陸の福井・石川・富山の各県には四隅突出型墳丘墓が分布するが、北陸最古の四隅突出型墳丘墓である福井県小羽山《おばやま》三〇号墓の場合、墓上祭祀は西谷三号墓と共通し、出雲との関係が深いことを示している。

▼**塩町式土器**　広島県三次市の塩町遺跡出土土器を模式とする弥生中期後半の土器。

▼**庄内式土器**　大阪府豊中市の庄内遺跡出土土器を模式とする近畿地方の弥生終末期の土器。

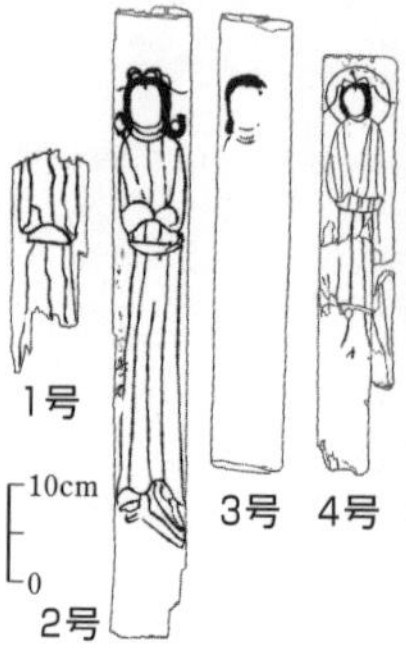

●**山持遺跡出土の板絵略測図**

中国山地を越えた往来

出雲からは日本海沿岸地域との交流ばかりではない。中国山地を越えて、備後・吉備・播磨・近畿へとつながる双方向のルートもまたあった。

備後の塩町《しおまち》式土器▲、吉備の特殊器台・特殊土器、分銅形土製品など、そして近畿地方でつくられた銅鐸・庄内式土器▲・布留式土器・装飾大刀などが出雲の遺跡で出土しており、中国山地を越えて出雲に搬入されたことがわかる。『播磨国風土記』に出雲関係の記事がのるので、のちに出雲街道と呼ばれるルートも利用されたのであろう。

出雲は都から離れた僻地ではなかった。原始・古代には大陸や半島とつながる文化の玄関口であったことは、楽浪文物をはじめ出雲市山持《ざんもち》遺跡の古墳時代の「ムティサラ」と呼ばれる南インドから東南アジアでつくられたガラス小玉や奈良〜平安時代の板絵、同じ出雲市青木遺跡出土の一二〇〇点をこえる墨書土器、木簡の文字資料など考古学的な遺物の上からも明記してよい。

次々とすすむ発掘調査は古代出雲の姿を浮かび上がらせている。

古代出雲の調査

今、古代の出雲は面白い。三五八本の銅剣のほか銅鐸・銅矛が、埋められていた荒神谷遺跡の発見は、古代出雲観を大きく変えた。次いで、三九個もの銅鐸がみつかった加茂岩倉遺跡、出雲大社境内遺跡の三本柱をもちいた巨大神殿跡など、考古学上の相次ぐ大発見は、古代出雲の謎解きに格好の資料を提供しているからだ。同じ山陰地域に所在する弥生時代の、多くの殺傷人骨等が出土した青谷上寺地遺跡や広い集落の妻木晩田《むきばんだ》遺跡群▲の内容は目をみはるばかりである。これらを通して古代の出雲や日本海諸地域についての興味深い解釈が提起されている。しかしいまだ、解釈は一様ではない。

本書でとりあげた内容は古代出雲の一端にすぎない。『魏志』倭人伝記載の投馬国は出雲か、出雲の東部と西部のどちらの勢力が統一をしたのか、出雲国造の館跡はどこか、出雲大社の巨大神殿創設の理由はなにか、北東アジア地域との関係はどうか、など多くの課題がある。『風土記』写本の研究やそこに記述された出雲国府跡、郡家跡、集落遺跡等の調査が進められているので、今後、出雲の古代史像は次々と明らかにされていくと思う。大いに楽しみである。

▼**妻木晩田遺跡群**　鳥取県米子市淀江町と西伯郡大山町にひろがる遺跡。

●―図版所蔵・提供者一覧(敬称略, 五十音順)

出雲市　p. 11下
出雲大社・大社町教育委員会　p. 33
出雲大社・著者　p. 32
北島英孝　p. 55
島根県古代文化センター　カバー裏, 扉, p. 27中・下, p. 61, p. 76, p. 79中
島根県教育庁埋蔵文化財調査センター　カバー表, p. 17, p. 22中・下, p. 27中・下, p. 41左, p. 43, p. 47中・下, p. 49上右, p. 51, p. 57, p. 58中・下, p. 69上, p. 71, p. 73, p. 81, p. 93, p. 102
古川誠　p. 12
松江市教育委員会　p. 22上
八雲村教育委員会　p. 44
著者　p. 41右

協力：牛嶋茂・内田文恵・影山邦人・田根裕美子・中村唯史・野々村安浩
イラスト：梅谷香苗
製図：曾根田栄夫

③―山陰道の要衝・出雲国府

町田章他『八雲立つ風土記の丘周辺の文化財』島根県教育委員会, 1975年
桑原公徳他「国府」『歴史景観の復原』古今書院, 1992年
上田正昭編『古代を考える　出雲』吉川弘文館, 1993年
内藤正中編『図説島根県の歴史』河出書房新社, 1997年
松尾充晶「古志本郷遺跡官衙遺構について」『条里制・古代都市研究』16号, 条里制・古代都市研究会, 2000年

④―仏教の広まりと風土記時代の人々の営み

瀧音能之『出雲国風土記と古代日本』雄山閣, 1994年
内田律雄「『出雲国風土記』大原郡の再検討㈠」『出雲古代史研究』5号, 1995年
島根県教育委員会・朝日新聞社編『古代出雲文化展』1997年
関和彦『古代出雲世界の思想と実像』大社文化事業団, 1997年
内田律雄『出雲国造の祭祀とその世界』大社文化事業団, 1998年
村上恭通『倭人と鉄の考古学』青木書店, 1999年
田中禎昭「出雲と大原――8世紀出雲政治史の再構成⑴」『古代文化研究』8号, 島根県古代文化センター, 2000年
丹羽野裕他『古代出雲における鉄』環日本海松江国際交流会議, 2000年
島根県古代文化センター編「島根県古代史料目録Ⅱ」『古代文化研究』8号, 島根県古代文化センター, 2000年

⑤―共生の北つ海ネットワーク

上田雄『渤海国の謎』講談社, 1992年
内藤正中『山陰の日朝関係史』報光社, 1993年
瀧音能之編『出雲世界と古代の山陰』名著出版, 1995年
片岡宏一『渡来人と土器・青銅器』雄山閣, 1999年
大阪府立弥生文化博物館『神々の源流――出雲・石見・隠岐の弥生文化』, 2000年
田中史生「奈良・平安時代の出雲の玉作」『出雲古代史研究』11号, 出雲古代史研究会, 2001年
花谷浩「山代郷南新造院跡(四王寺跡)再考」『出雲弥生の森博物館研究紀要』4集, 2014年
島根県教育庁埋蔵文化財調査センター編『青木遺跡Ⅱ』2006年
島根県教育庁埋蔵文化財調査センター「山持遺跡・里方本郷遺跡の調査」2007年

●—参考文献

唯一完本として伝わる『出雲国風土記』

秋本吉郎校注『風土記』(日本古典文学大系)岩波書店, 1958年

平泉澄監修『出雲国風土記の研究』出雲大社御遷宮奉賛会, 1953年

加藤義成『校注出雲国風土記』千鳥書房, 1965年

吉野裕『風土記』平凡社, 1969年

加藤義成『修訂出雲国風土記参究』今井書店, 1981年

田中卓『出雲国風土記の研究　田中卓著作集 8 』国書刊行会, 1988年

上田正昭監修・播磨学研究所編『古代からのメッセージ　播磨国風土記』神戸新聞総合出版センター, 1996年

荻原千鶴『出雲国風土記』講談社, 1999年

上田正昭『上田正昭著作集』4・5, 角川書店, 1999年

島根県古代文化センター編『解説出雲国風土記』2014年

①—くにびき神話と出雲国の成り立ち

徳岡隆夫他「中海・宍道湖の地史と環境変化」『地質学論集』36号, 1990年

島根県古代文化センター編『いにしえの島根』島根県教育委員会, 1996年

武田祐吉他『新訂古事記』角川文庫, 1977年

前島己基『古代出雲を歩く』山陰中央新報社, 1997年

佐原眞編『季刊考古学別冊72　加茂岩倉遺跡と古代出雲』雄山閣, 1998年

上田正昭他『古代出雲—青銅器から墳丘墓へ』環日本海松江国際交流会議, 1999年

島根県埋蔵文化財調査センター編『かわらけ谷横穴墓群の研究』島根県教育委員会・島根県埋蔵文化財調査センター, 2001年

寺沢薫『王権誕生』講談社, 2001年

一宮市博物館『銅鐸から描く弥生社会』一宮市博物館, 2001年

②—雲太といわれた出雲大社

上田正昭編『出雲の神々』筑摩書房, 1987年

大林組プロジェクトチーム編『古代出雲大社の復元』学生社, 1989年

上田正昭『日本神話を考える』小学館, 1994年

山本清編『風土記の考古学 3　出雲国風土記の巻』同成社, 1995年

加藤義成『出雲国風土記論究』上・下, 島根県古代文化センター, 1995・1996年

日本史リブレット13

出雲国風土記《いずものくにふどき》と古代遺跡《こだいいせき》

2002年5月15日　1版1刷　発行
2021年11月30日　1版9刷　発行

著者：勝部《かつべ》　昭《しょう》

発行者：野澤武史

発行所：株式会社 山川出版社

〒101－0047　東京都千代田区内神田1－13－13
電話　03(3293)8131(営業)
　　　03(3293)8135(編集)
https://www.yamakawa.co.jp/
振替　00120-9-43993

印刷所：明和印刷株式会社

製本所：株式会社 ブロケード

装幀：菊地信義

Printed in Japan ISBN 978-4-634-54130-6

日本史リブレット　第Ⅰ期［68巻］・第Ⅱ期［33巻］　全101巻

1 旧石器時代の社会と文化
2 縄文の豊かさと限界
3 弥生の村
4 古墳とその時代
5 大王と地方豪族
6 藤原京の形成
7 古代都市平城京の世界
8 古代の地方官衙と社会
9 漢字文化の成り立ちと展開
10 平安京の暮らしと行政
11 蝦夷の地と古代国家
12 受領と地方社会
13 出雲国風土記と古代遺跡
14 東アジア世界と古代の日本
15 地下から出土した文字
16 古代・中世の女性と仏教
17 古代寺院の成立と展開
18 都市平泉の遺産
19 中世に国家はあったか
20 中世の家と性
21 武家の古都、鎌倉
22 中世の天皇観
23 環境歴史学とはなにか
24 武士と荘園支配
25 中世のみちと都市
26 戦国時代、村と町のかたち
27 破産者たちの中世
28 境界をまたぐ人びと
29 石造物が語る中世職能集団
30 中世の日記の世界
31 板碑と石塔の祈り
32 中世の神と仏
33 中世社会と現代
34 秀吉の朝鮮侵略
35 町屋と町並み
36 江戸幕府と朝廷
37 キリシタン禁制と民衆の宗教
38 慶安の触書は出されたか
39 近世村人のライフサイクル
40 都市大坂と非人
41 対馬からみた日朝関係
42 琉球の王権とグスク
43 琉球と日本・中国
44 描かれた近世都市
45 武家奉公人と労働社会
46 天文方と陰陽道
47 海の道、川の道
48 近世の三大改革
49 八州廻りと博徒
50 アイヌ民族の軌跡
51 錦絵を読む
52 草山の語る近世
53 21世紀の「江戸」
54 近代歌謡の軌跡
55 日本近代漫画の誕生
56 海を渡った日本人
57 近代日本とアイヌ社会
58 スポーツと政治
59 近代化の旗手、鉄道
60 情報化と国家・企業
61 民衆宗教と国家神道
62 日本社会保険の成立
63 歴史としての環境問題
64 近代日本の海外学術調査
65 戦争と知識人
66 現代日本と沖縄
67 新安保体制下の日米関係
68 戦後補償から考える日本とアジア
69 遺跡からみた古代の駅家
70 古代の日本と加耶
71 飛鳥の宮と寺
72 古代東国の石碑
73 律令制とはなにか
74 正倉院宝物の世界
75 日宋貿易と「硫黄の道」
76 荘園絵図が語る古代・中世
77 対馬と海峡の中世史
78 中世の書物と学問
79 史料としての猫絵
80 寺社と芸能の中世
81 一揆の世界と法
82 戦国時代の天皇
83 日本史のなかの戦国時代
84 兵と農の分離
85 江戸時代のお触れ
86 江戸時代の神社
87 大名屋敷と江戸遺跡
88 近世商人と市場
89 近世鉱山をささえた人びと
90 「資源繁殖の時代」と日本の漁業
91 江戸の浄瑠璃文化
92 江戸時代の老いと看取り
93 近世の淀川治水
94 日本民俗学の開拓者たち
95 軍用地と都市・民衆
96 感染症の近代史
97 陵墓と文化財の近代
98 徳富蘇峰と大日本言論報国会
99 労働力動員と強制連行
100 科学技術政策
101 占領・復興期の日米関係